Legacy

Yann Arthus Bertrand

Legacy
L'héritage d'une vie

Avec la collaboration d'Olivier Blond

**Éditions
de La Martinière**

ISBN : 978-2-7324-9227-8

Je dédie ce livre à toutes les personnes grâce auxquelles mon rêve de fondation est devenu réalité, celles qui au quotidien œuvrent à un monde plus juste et plus responsable.

Je nomme ici ceux qui ont travaillé au sein de la fondation GoodPlanet en 2021, mais je n'oublie pas les autres qui les ont précédés. Un grand merci à tous !

Adèle, Aline, Amélie, Aminata, Anne-Laurence, Arthur, Azadée, Bianca, Camila, Candice, Capucine, Catherine, Cédric, Christine, Claire, Clara, Clément, Coline, Damien, Daniel, Emma, Éric, Eve, Fann, Fernanda, Florencia, Florent, François-Nicolas, Guillaume, Gwenaëlle, Gwendoline, Idalie, Ines, Inès, Jacqueline, Jennifer, Jonathan, Julie, Julien, Léa, Lucie, Lucile, Lucy, Luna, Maël, Marie-Sarah, Marion, Matthieu, Nicolas, Nicolas, Ninon, Nitin, Pauline, Pauline, Pauline, Perrine, Pierre, Régine, Rudy, Sarah, Solenn, Sophie, Steeve, Théophile, Thomas, Véronique, Victor, Zephyr, et bien sûr tous nos formidables bénévoles.

… Et une petite dédicace spéciale à mon amie Ninette, elle sait pourquoi !

Introduction

Yann Arthus-Bertrand ne laisse personne indifférent. Certains admirent son immense talent de photographe, d'autres le jalousent ou le critiquent ; certains louent son engagement écologiste, d'autres moquent l'empreinte écologiste de ses vols en hélicoptère ; certains le trouvent charismatique et se laissent émouvoir par son humanisme, d'autres se moquent de sa sensiblerie.

En bien ou en mal, tous, ou presque, se trompent. Ils ou elles ne perçoivent, souvent au travers d'écrans interposés, qu'une petite partie des multiples dimensions du véritable Yann, qu'un moment fugace de son histoire ou de son évolution.

J'ai la chance de le côtoyer depuis plus de quinze ans et d'être aujourd'hui son ami. J'ai voulu donner de lui un portrait authentique, dans ses contradictions et ses doutes, dans son humilité et sa démesure.

L'amitié a été la condition de cet ouvrage : elle m'a permis de convaincre Yann de se prêter à cet exercice à quatre mains alors qu'il hésitait plutôt à parler de lui. À quoi bon raconter tout cela ? me demandait-il souvent. Pourquoi parler de ces histoires anciennes quand le monde s'écroule et qu'il y a tant d'autres sujets plus importants à discuter… Cette amitié a été aussi le moyen d'accéder à une vérité intime, à l'authenticité du vrai Yann.

Mais ce livre n'est pas seulement une autobiographie : c'est un manifeste écologiste d'un genre particulier. Car Yann est l'une des grandes personnalités de l'écologie française. Son énergie prodigieuse lui a permis d'accomplir des projets qui ont fait le tour du monde. Il incarne aujourd'hui, avec quelques autres, une part essentielle du mouvement mondial pour protéger la planète – celle de l'écologie de l'émotion et de l'amour.

Il fallait aussi montrer ce qui a permis à Yann de mener ses combats, ce qui l'a amené à le faire, mais aussi ce que cela lui a coûté. Il fallait incarner cette action afin que d'autres avancent sur le chemin qu'il a tracé. Non pas pour qu'ils l'applaudissent, mais pour qu'ils s'en inspirent.

Mieux qu'un raisonnement froid et abstrait, la vie de Yann est une démonstration vivante et chaleureuse de ce qu'apporte l'engagement. C'est une invitation pleine d'humilité aussi, car, contrairement à ceux qui disent aux autres ce qu'il faut faire, Yann Arthus-Bertrand s'est toujours refusé aux injonctions. C'est le résultat de sa lucidité face aux détours et même aux regrets qui ont pu ponctuer sa vie tumultueuse. Mais c'est aussi une manière de faire confiance à la jeunesse et aux générations futures que de renoncer à leur dire ce qu'elles devront faire. Elles sauront bien trouver par elles-mêmes !

Reste que les chaleurs extrêmes au Canada, les inondations dévastatrices en Allemagne et mille autres catastrophes qui jalonnent l'actualité et sur lesquelles les scientifiques nous alertent depuis des années montrent l'extrême gravité de la crise écologique. Celle-ci impose que l'on sorte des incantations du quotidien (changer les ampoules ou fermer l'eau quand on se lave les dents) pour s'atteler à des ambitions plus hautes : rien moins que changer le monde. Il faut des actes plus que des mots. Nous pouvons tous y contribuer. Et c'est pour cela que ce livre est important : la vie de Yann parle mieux que tous les discours.

Olivier Blond

1

Paradis perdu

Vivre comme un arbre, seul et libre.
Vivre en frères comme les arbres d'une forêt.

Nazim Hikmet

Kenya

L'Afrique m'a donné mes plus belles années, mes meilleurs souvenirs et mes plus grandes émotions ; l'Afrique m'a appris la beauté et a fait de moi un photographe. J'y retourne sans cesse. D'une certaine manière, je n'en suis jamais parti, et chaque nouveau séjour fait croître en moi le sentiment douloureux que j'y ai laissé quelque chose que je ne retrouve plus. L'Afrique est mon paradis perdu.

Lorsque j'ai découvert le Masai Mara, une réserve du Kenya, en 1979, cela faisait dix ans que je gérais une réserve naturelle en France. J'y avais recueilli toutes sortes d'animaux abandonnés par les zoos ou les parcs, et une joyeuse bande de lions habitait ma cour. J'en avais nourri certains au biberon ; ils dormaient dans ma chambre. Ce sont des animaux affectueux dès lors qu'ils considèrent que vous faites partie de leur famille ! Mais je rêvais de les voir dans la savane, sauvages et libres.

J'ai réussi à me faire engager comme guide et je suis parti pour le Kenya. J'ai commencé en portant les valises des touristes, en organisant des pique-niques ou des excursions, en amusant des visiteurs qui me donnaient alors un pourboire et une recommandation. J'étais passionné par cette faune africaine. Je croyais bien la connaître. Je pouvais en parler des heures pendant les bivouacs ou les safaris. Je partageais ma passion avec des touristes dont certains sont restés des amis. Je n'étais encore qu'un aventurier sans le sou ; j'allais devenir un photographe.

*
* *

Avant cela, j'avais dévoré tous les livres possibles sur la vie des animaux, et Jane Goodall, partie en Tanzanie en 1960 pour étudier les chimpanzés, était mon idole. J'ai eu plus tard l'occasion de la rencontrer et elle a guidé toute ma vie mes réflexions sur les animaux, mais, à l'époque, je ne la connaissais qu'au travers de ses travaux : elle avait bouleversé les idées reçues en montrant, par exemple, que les chimpanzés utilisent des outils, alors que l'on pensait que c'était le propre de l'être humain, et en révélant leur vie sociale sophistiquée, leurs relations fortes, leur usage de la diplomatie et même de la guerre. Elle les observait dans leur milieu naturel – et non en captivité, comme trop souvent alors. Elle leur donnait des noms quand on ne les désignait que par des numéros : elle sortait ainsi l'animal d'un néant de machine sans âme pour en faire une créature dotée de raison et d'émotions, et pour le rapprocher de nous. Je rêvais de faire pareil avec les lions. Je voulais vivre sa vie.

J'avais obtenu un rendez-vous avec Pierre Pfeffer, chercheur au Muséum national d'histoire naturelle de Paris. Il avait accepté avec une simplicité et un enthousiasme qui me sembleraient impossibles aujourd'hui d'encadrer notre projet de thèse sur le comportement des lions, alors que je n'avais aucun diplôme. Ses conseils ont été nombreux et précieux. Plus tard, il a même préfacé le premier livre que j'avais fait avec ma femme Anne et avec Hervé de La Martinière, qui est devenu mon ami et mon éditeur.

Mais, plus important et plus miraculeux encore, j'avais réussi à convaincre Anne, la femme de ma vie, de m'accompagner dans cette folle aventure. Nous nous étions rencontrés dans une soirée à Saint-Germain-en-Laye, et tout de suite, je lui avais parlé de mon rêve. J'imagine que le contraste entre mon enthousiasme et les bavardages du milieu parisien a ajouté à l'alchimie de notre rencontre. Quoi qu'il en soit, le coup de foudre a été immédiat. Rapidement, elle a accepté de partir avec moi. Elle est venue avec ses tout jeunes enfants, Baptiste et Guillaume, qu'elle avait eus d'un précédent mariage – ils sont devenus comme les miens. Elle m'a fait le plus beau cadeau du monde. Elle l'a fait avec ce courage immense et cette capacité unique de tout plaquer par amour qu'ont tant de femmes.

Anne était ma lionne, le chef du troupeau. En Afrique, nous étions heureux. Plus que je ne l'ai jamais été depuis.

Monde sauvage

Pendant nos années à Governor's Camp, cette partie de la réserve du Masai Mara où nous habitions, Anne et moi avons étudié plusieurs familles de lions. Anne avec ses stylos, moi avec mes appareils photo. Avec la femme que j'aimais, je vivais ma passion au sein d'un cadre idyllique. J'habitais dans une maison sur pilotis en bois que j'avais construite de mes mains avec mes amis africains. Je me levais le matin, prenais mes jumelles et mes appareils photo pour aller observer « mes » lions. Je m'endormais au milieu des cris d'animaux. J'étais libre, j'étais amoureux.

J'ai vu ces fauves naître et mourir, se battre, faire l'amour. Anne et moi avons appris à les reconnaître et je me suis attaché à eux. Nous identifiions chacun d'entre eux grâce à la disposition des poils de leur moustache, nous tenions de petites fiches pour chacun. Et nous leur avons donné des noms. Car c'étaient des individus à part entière à nos yeux, avec leur personnalité propre. Ils vivent en famille, autour des femelles qui partagent beaucoup dans une forme de sororité – certaines nourrissent même les enfants de leurs sœurs.

Nous avons vécu une proximité inoubliable. En Europe, approcher un cerf à moins de deux cents mètres demande des précautions infinies. Là-bas, les animaux avaient l'habitude d'être protégés et avaient désappris la peur de l'homme. Ils ne fuyaient plus. Ils nous regardaient comme d'inoffensifs voisins – ce que nous aurions dû rester. Nous partagions un même territoire. Sentir que nous ne représentions pas un danger pour eux nous renvoyait une image apaisée de nous-mêmes. Et cela faisait du bien.

À moins de l'avoir vécu, il est impossible de comprendre ce que l'on ressent en approchant des fauves, ces chasseurs de près de cent quatre-vingts kilos de muscles et d'os, dont le corps tout entier est façonné par la nécessité de tuer. Ces êtres aux aguets qui vivent chaque jour dans l'inquiétude de savoir ce qu'ils vont manger. C'était mon quotidien. Une anecdote donnera peut-être une idée de ce que pouvait signifier cette promiscuité : un jour, une lionne s'était allongée à l'ombre de ma Toyota sans que je la voie. En descendant de la voiture, je lui ai marché dessus sans faire exprès. J'ai eu la frayeur de ma vie, mais heureusement la lionne s'est éloignée, plus surprise et contrariée qu'hostile.

Un autre exemple permet de saisir ce rapport unique au monde sauvage. Quelques années plus tard, en 1985, un magazine m'a demandé de faire un reportage photo sur le travail de Dian Fossey. Elle était aux gorilles ce que Jane Goodall est aux chimpanzés. Pour moi, c'était un rêve que de la rencontrer. Je l'ai rejointe dans la réserve qu'elle avait créée au Rwanda. Malade, elle ne pouvait pas m'accompagner dans la montagne. Je suis donc allé seul à la rencontre des animaux.

J'apercevais les gorilles au loin quand il s'est mis à pleuvoir et je me suis installé dans une clairière, trempé, me demandant un peu ce que je faisais là. Lorsque la pluie s'est arrêtée, les gorilles sont venus se sécher dans la clairière et ils se sont avancés vers moi, énormes. Un mâle a fait une parade d'intimidation, et, comme on me l'avait appris, j'ai baissé les yeux. D'autres se sont approchés, les petits ont grimpé sur moi, ils ont fouillé dans mes poches. Et puis l'un d'eux, un des « dos argentés », ces mâles imposants qui peuvent tuer d'un revers de main, a posé sa tête sur mon pied et s'est tout simplement endormi en ronflant ! Je n'osais pas bouger. C'était incroyable, magique… Quel travail magnifique Dian avait réalisé ! Quel miracle elle avait accompli pour réussir à leur donner une telle confiance en nous ! C'était un vrai cadeau que je recevais là. Je me suis mis à pleurer et j'ai emporté avec moi, pour toujours, ce moment d'émotion absolue.

Dian a été assassinée deux jours après mon départ, et de nombreux animaux ont été ou sont encore tués ou mutilés par des pièges – des collets fabriqués à partir de câbles de vélo qui leur enserrent la main ou le pied et finissent par les amputer.

Pour revenir au Kenya, la nuit offrait une autre forme de proximité avec les animaux. Une hyène, un oiseau, un rongeur, quelques insectes… Il y avait toujours des bruits. La nuit était habitée par une cacophonie joyeuse et incessante. Nous étions entourés, et sans rien voir, nous pouvions sentir des présences qui nous berçaient doucement. À l'inverse, en ville, le simple bruit d'une mobylette me réveille.

Pour autant, nous n'étions pas à l'abri de surprises : je me suis réveillé une fois en pleine nuit parce que ma maison tremblait. Encore pris dans un demi-sommeil, je me suis demandé si je rêvais ; un éléphant se grattait le cul sur un des pilotis…

C'est dans ces plaines du Kenya que j'ai saisi toute la mesure du lien qui unit le vivant. J'ai compris que je faisais moi aussi partie de la nature, que toute cette vie, animale et végétale, c'était ma famille.

Côtoyer le monde sauvage a été pour moi une expérience presque mystique, car elle me renvoyait à moi-même, à ce côté animal que nous avons perdu ou que nous cherchons souvent à refouler, mais qui reste toujours quelque part en nous. Dans le monde sauvage, il n'y a pas de jugement, pas d'excuses. La violence côtoie la tendresse. Le sexe et la mort, la beauté et la fureur sont unis par une terrible nécessité. Et à chaque instant, tout peut basculer.

J'ai vu une lionne blessée qui ne pouvait plus nourrir ses petits ; les lionceaux sont morts les uns après les autres. Une autre fois, j'ai vu un nouveau lion arriver, chasser l'ancien mâle et tuer les enfants de l'autre. Au début, j'avais envie d'intervenir. Lors de la grande migration des gnous, un groupe s'est retrouvé bloqué dans une rivière. Ils n'arrivaient pas à grimper sur la rive. J'ai tiré et poussé pendant des heures pour les aider. Rien n'y a fait et j'ai dû finalement renoncer. Quelques jours plus tard, la rivière était un charnier, avec des centaines d'animaux noyés, gonflés et puants. Dans la nature, la mort n'est plus effrayante, elle est quotidienne, inévitable, imminente. Cela n'a pas de sens de vouloir infléchir le cours des choses.

Paradis

Le Kenya était à l'époque un paradis semblable à nul autre. Et le Masai Mara, où nous nous sommes installés, était la plus sublime des réserves – d'où son surnom : « le paradis de la faune ». Situé dans la vallée du Grand Rift, en ce lieu dont les scientifiques affirment qu'il est le berceau de l'humanité, le Kenya avait quelque chose d'un Éden.

C'était un pays d'une beauté naturelle et immaculée comme si elle venait d'avant les hommes, d'avant le béton et les bidonvilles qui enferment les gens dans des cages sales et trop petites, d'avant les poubelles et les déchets en plastique qui jonchent le sol et semblent pousser plus vite que les arbres.

Tout était somptueux. La lumière qui traversait les nuages pour inonder l'horizon, le regard plein de tendresse d'une lionne pour ses petits, l'odeur des herbes de bon matin… Cette beauté m'emplissait d'un immense bonheur. Elle m'a aussi offert la meilleure école de photographie qui soit. Il était impossible de rater une photo. À moins d'oublier de charger sa pellicule ! Cela m'est arrivé une fois au cœur d'une chasse de lionnes. C'était mon rêve de saisir ce moment. Je n'y avais jamais encore assisté. Un jour, elles ont attaqué un troupeau de buffles. L'une d'elles était montée sur l'un d'entre eux, presque comme « à cheval ». C'était dingue. Je mitraillais. J'avais la photo de ma vie. Quand on me demande quelle est la photo que je préfère parmi toutes celles que j'ai prises, c'est celle-là. Comme toutes mes photos ratées. Je pense pratiquement tous les jours à cette image. Elle me poursuit, je la vois encore dans mon viseur et elle n'existe malheureusement que dans ma tête. Je n'avais pas mis de pellicule dans mon boîtier.

Je parle d'une époque avant le numérique. Je me trouvais en pleine brousse, je n'étais pas photographe professionnel, je n'avais pas reçu d'apprentissage technique particulier, je faisais un tas d'images mais sans savoir ce qu'elles donnaient précisément. Je ne les découvrais qu'une fois rentré en France, plusieurs mois plus tard.

Je suis un autodidacte ; les lions ont été mes professeurs de photographie.

J'ai gardé de cette époque des souvenirs nombreux et des photos plus nombreuses encore. Chacune a son histoire. Chacune fait ressurgir des anecdotes tantôt drôles, tantôt émouvantes ou tristes. L'une de mes photos les plus célèbres de cette époque représente une lionne, de dos, assise au milieu de la savane face à l'horizon. Je n'ai pas grand mérite, c'est la nature qui est magnifique, c'est elle qui a fait ce ciel chargé de nuages et qui leur a donné cette soudaine pesanteur. Je n'ai eu qu'à appuyer sur le déclencheur de mon appareil. C'est pourquoi je ne me suis jamais pris pour un artiste ; je me sens plutôt comme le visiteur ébahi d'un musée, découvrant salle après salle les chefs-d'œuvre d'un autre. Et le grand créateur, c'est la nature. Je le redis : c'est l'Afrique qui a fait de moi un photographe.

Aujourd'hui, je me reproche de ne pas avoir savouré ces moments autant que je l'aurais pu. Je goûtais un bonheur fou, mais je me laissais perdre par l'envie de faire toujours mieux, par la colère d'avoir raté tel ou tel cadrage, par le perfectionnisme et l'insatisfaction qui va avec et me taraude depuis toujours. Plus le temps m'éloigne de cette période, plus elle me semble heureuse et plus j'en ai la nostalgie.

Dans les airs

Dans les années 1970, je rencontre deux aventuriers français très sympathiques, Alain et Jean-Christophe. Ils essayaient d'installer des montgolfières pour les touristes dans la réserve du Masai Mara au Kenya. J'ai tout de suite compris que c'était un travail pour moi. J'étais déjà pilote d'avion et ça me permettait d'habiter au cœur de cette réserve mythique pour installer ma petite famille. Je force ma chance, et je passe ma licence professionnelle. J'emmenais les touristes en balade. Là-haut règne un immense silence, troublé de temps à autre par le bruit du brûleur. On y savoure un apaisement incomparable… C'est à ce moment-là que j'ai découvert la photographie aérienne.

Comme d'autres choses dans ma vie, c'est venu un peu par hasard, mais j'y ai mis tout de même du mien : j'ai réuni deux techniques particulières qui m'ont permis de créer mon style. La première trouve son origine dans le fait que j'utilisais mes vols en montgolfière pour étudier nos lions, suivre leurs déplacements et les observer sur leur territoire. Alors que la plupart des photographes qui s'intéressaient à la photographie aérienne pointaient vers l'horizon, je regardais à la verticale.

La seconde venait de mon habitude de suivre les lions avec mes téléobjectifs. À cette époque, la plupart des photographes aériens utilisaient plutôt des grands angles pour embrasser la ligne d'horizon la plus large possible. Le téléobjectif écrase les plans, aplatit l'espace. La terre devient plate, elle n'est plus que lignes. Et parfois, ces lignes prennent une dimension graphique qui devient abstraite. Comme chaque fois que quelque chose m'émeut profondément, je deviens obsessionnel – pour le meilleur comme pour le pire ! Cette découverte ne m'a plus jamais quitté.

La photographie aérienne était alors surtout une photographie cartographique, utilitaire, souvent employée à des fins militaires. De mon côté, j'ai développé ce qui me tenait le plus à cœur : sa dimension esthétique. En pointant mon regard vers le bas, j'ai découvert une forme de beauté graphique unique : la beauté de la terre vue du ciel. Dans les années qui ont suivi, j'ai essayé de partager mon émerveillement.

Mes photos africaines me ramènent à un passé dont je sais qu'il ne reviendra jamais pour une autre raison : le Kenya de ce temps-là était un pays semblable à nul autre. Et j'ai vu ce monde disparaître.

C'était un paradis pour les animaux. Lions, éléphants, rhinocéros, léopards et buffles abondaient – les « Big Five », les cinq grands mammifères africains qu'aimaient chasser les Occidentaux. Mais ces rois de la savane n'étaient pas les seuls à incarner cette biodiversité exubérante. On pouvait aussi observer des flamants roses, si nombreux qu'ils faisaient disparaître sous leurs ailes les berges des grands lacs, des girafes, des antilopes, des gazelles, des hippopotames... Le spectacle extraordinaire de la vie nous éblouissait chaque jour davantage. Aujourd'hui, tous ces animaux sont menacés.

Les lions étaient un million au début du XXe siècle en Afrique. On n'en compte plus que deux mille au Kenya. Et ils pourraient avoir disparu d'ici à vingt ans.

Les éléphants étaient plusieurs millions ; ces animaux ont une intelligence et une sensibilité prodigieuses. Ils ne sont plus que trois cent mille aujourd'hui. Et plus de vingt mille sont tués chaque année. Les scientifiques évoquent désormais la possibilité de leur disparition, alors qu'ils ont été pendant des siècles l'espèce symbolique du continent.

Les rhinocéros ont disparu de la plupart des pays d'Afrique. Il en reste moins de vingt mille, toutes espèces confondues. Les braconniers volent leurs cornes dans les musées et les pourchassent jusque dans les parcs et les zoos du monde entier : en 2017, le rhinocéros du zoo de Thoiry, non loin de Paris, a été abattu de trois balles et sa corne tronçonnée en pleine nuit !

Les guépards sont menacés par le rétrécissement des parcs naturels. Leur situation est complexe et les dangers qui les guettent, multiples. Ce sont des animaux solitaires et fragiles, toujours inquiets, qui ne bénéficient pas de la protection du groupe comme c'est le cas, par exemple, des lions. Pour survivre, ils ont besoin d'un grand territoire de chasse. Lorsque leur territoire se réduit, ils deviennent la proie des hyènes et des lions. Un de mes amis photographes avait même payé des gardes pour les protéger jour et nuit pendant plusieurs années. Mais cela ne peut être une solution de long terme. Il n'a pu le faire que quelques années. Les guépards étaient plus de cent mille quand je vivais au Kenya, il n'en reste que sept mille.

Quant aux berges des lacs, on y construit de nombreuses serres pour produire des haricots verts ou des fleurs d'exportation livrées dans le monde entier chaque jour ; l'épandage des pesticides et le système d'irrigation se sont extraordinairement développés et ont changé le régime de l'eau : la salinité des lacs diminue et les flamants roses n'y trouvent plus leur nourriture.

Masai

Les hommes aussi ont changé. Cette région est habitée par les Masais, ces guerriers habillés de rouge dont la démarche nonchalante laisse penser que mille siècles d'histoire pèsent moins sur leurs épaules que les bijoux en perles de couleur dont ils se parent. J'ai eu la chance d'être très proche de certains d'entre eux, de participer à des mariages et même à certaines cérémonies traditionnelles auxquelles aucun étranger n'avait été invité.

Autrefois, les Masais partaient avec leurs lances chasser le lion. Le combat singulier contre cet animal était un exploit valeureux, qui marquait pour les jeunes garçons l'entrée dans l'âge adulte et permettait de se marier. Désormais, les Masais ne se donnent même plus la peine de les chasser ; ils les empoisonnent pour protéger leurs troupeaux.

La distribution d'actes de propriété a changé radicalement l'équilibre écologique et social du Masai Mara. Jusqu'il y a peu, les Masais étaient collectivement propriétaires de leur terre, mais le gouvernement a introduit le régime de la propriété privée et a distribué les titres fonciers. Les Masais ont rapidement loué leurs terrains et emmené leurs troupeaux ailleurs. Pour eux, cela n'avait pas de conséquences : ils sont nomades, la terre n'a pas de frontière. Mais, une fois louées, les terres se sont transformées en champs et en espaces clôturés. Elles sont devenues indisponibles non seulement pour les Masais mais aussi pour les animaux sauvages. Tous se sont rapidement retrouvés confinés dans des espaces rétrécis où ils vivent désormais en concurrence. C'est la raison pour laquelle les Masaïs empoisonnent désormais les lions. De plus, leur entrée dans les parties restées sauvages est réglementée et ils peinent à faire paître durablement leurs troupeaux sans provoquer de surpâturage ou d'érosion des terres.

Les risques combinés du dérèglement climatique, de l'appauvrissement des terres et les tentatives de sédentarisation forcée par les gouvernements ont poussé nombre d'entre eux à quitter leur terre pour les villes. Ils font ainsi partie des migrants saisonniers peuplant les bidonvilles gigantesques qui entourent Nairobi, la capitale du Kenya. Kibera est le plus grand d'entre eux. Son nom signifie

« forêt ». De soixante mille habitants en 1980, il est passé à un million d'habitants aujourd'hui. La forêt des arbres est devenue une forêt de tôles.

Le Kenya abrite même parmi les plus grands camps de réfugiés au monde. À Dadaab, dans l'est du pays, vers la frontière somalienne, cinq cent mille personnes vivent dans une situation d'urgence humanitaire qui dure depuis plusieurs décennies. C'est la troisième génération de réfugiés : les enfants des adultes qui sont nés dans le camp il y a vingt ans… Ils ne peuvent pas rentrer chez eux, ils ne peuvent pas sortir du camp, ils ne peuvent pas travailler. Ils n'attendent plus rien, si ce n'est les camions de l'aide internationale. Ils sont bloqués dans cet amoncellement de tentes, devenu la troisième plus grande ville du pays. Dans la région, et surtout dans les camps, les islamistes sont partout – on les appelle les *shebab*. Les attentats se multiplient et même les humanitaires ne peuvent plus se déplacer sans escorte militaire.

L'Afrique, miroir des enjeux planétaires

L'Afrique m'a appris autre chose : les problèmes écologiques ne sont ni abstraits ni théoriques ; ils représentent un enjeu vital pour les hommes et les femmes ; ils exigent des choix immédiats dans le quotidien. Ce continent, qui se transforme aujourd'hui à une vitesse incroyable, expose aux yeux de tous la réalité brutale des enjeux environnementaux de notre monde et la responsabilité récurrente de hommes.

Au Masai Mara, il y avait ainsi une femelle rhinocéros que tout le monde connaissait. Quand elle a été tuée par des braconniers, la nouvelle a choqué toute la petite communauté qui vivait dans le parc et autour. Mais l'enquête policière a prouvé que le braconnier avait été protégé par un membre de sa famille : le *game warden*, c'est-à-dire le patron de la réserve, une personne emblématique et très respectée dans le pays – il avait même été invité aux Nations unies. Celui-là même à qui la protection des animaux avait été confiée s'était fait le complice d'un crime contre eux. Comme souvent en Afrique, les liens du sang avaient été plus forts que la loi. Cette révélation fut une deuxième douleur qui me fit perdre beaucoup de mes illusions.

Malheureusement, cet incident n'a rien d'exceptionnel : le braconnage a pris des proportions considérables ces dernières années. Ceux qui exterminent actuellement les rhinocéros ou les éléphants profitent de complicités locales : contre rémunération, des villageois leur indiquent le trajet des animaux, les coins où ils vont boire, bref, les meilleurs endroits où se poster pour les tuer. Les trafiquants bénéficient de relais parfois jusque dans les administrations pour faire sortir du pays les cornes, les peaux et autres trophées macabres qui alimentent leur commerce. Les Africains qui participent à ces malversations vivent de très peu, et cela représente pour eux des revenus considérables. Mais les commanditaires – c'est-à-dire les véritables responsables – sont les mafias asiatiques. Tout le monde le sait, mais personne n'ose vraiment hausser le ton face au géant qu'est la Chine. Ce ne sont pas quelques vagues remontrances qui suffisent et cette apathie internationale m'insupporte – en fait, elle a pour nom « complicité ».

En Afrique, la situation se complique du fait de la prolifération des kalachnikovs. Le trafic d'armes a complètement déstabilisé le continent et on trouve désormais des armes partout. Les Masais, les Bantous, les Luo, les Kalendjins, pour ne citer qu'eux, ont toujours été des guerriers. Mais ils se battaient jadis avec des lances ; désormais, ils s'affrontent avec des fusils automatiques.

Lorsque j'ai tourné avec mon beau-fils Baptiste un film sur l'eau au Kenya en 2011, *La Soif du monde*, le pays subissait sa pire sécheresse depuis des décennies. Des affrontements sanglants éclataient entre groupes ethniques autour de la question de l'eau :

les éleveurs que j'ai interviewés avaient tué d'autres hommes pour permettre à leurs animaux de boire et de survivre. Il s'agissait de préserver leur troupeau, leur principale richesse. Quelques semaines après notre venue, j'ai appris que ceux qui m'avaient parlé avaient été, à leur tour, tués par d'autres, pour les mêmes raisons.

C'est ainsi que l'Afrique m'a appris la vérité. La vérité de la photographie, mais aussi celle des hommes et des femmes : l'écologie n'est pas seulement un problème de paysage ou de biodiversité, c'est un problème humain, dont nous sommes tous les victimes ou les coupables, et parfois les deux en même temps.

2

Savoir saisir sa chance

Il faut sauver les condors non pas tant parce que nous avons besoin d'eux mais parce que nous avons besoin des qualités humaines pour les sauver ; celles-là mêmes qui nous seront utiles pour nous sauver nous-mêmes.

Ian Mc Millan

J'ai fait beaucoup de conneries dans ma vie. J'étais un enfant insupportable, un adolescent buté, un jeune homme perdu, colérique et incontrôlable. Il y a ainsi toute une partie de ma vie dont je ne suis pas fier et sur laquelle je reviens avec réticence.

Révolte

À dix-sept ans, je n'avais pas d'avenir. J'étais le fils d'une famille bourgeoise et installée – mon père était un joaillier réputé qui gravait des médailles militaires, le grand collier de la Légion d'honneur porté par le président de la République ou encore les épées des académiciens... On allait à la messe le dimanche, on partait en Bretagne pendant les vacances.

Mais je m'ennuyais à l'école, persuadé que tout ce qu'on voulait m'y apprendre ne me servirait jamais à rien. Alors que la plupart de mes amis se rappellent tel ou tel professeur qui les a inspirés, je n'ai jamais rencontré ce genre de créatures un peu mythiques – tout juste quelques curés aux mains baladeuses. À douze ans, je me battais avec mes professeurs. C'était l'époque où nous étions tous habillés de blouses grises, obligatoires. Je ne voyais pas à quoi les versions latines pouvaient servir et puisque je ne pouvais briller par les études, me battre était ma façon de me faire remarquer de mes camarades, de prendre l'ascendant sur eux. Devenu un cancre intolérable, je me suis fait renvoyer de tous les collèges et lycées par lesquels je suis passé.

Ma mère admirait le fils de nos voisins qui préparait l'ENA ; ses amies s'apitoyaient sur moi, et sur elle. J'avais des parents aimants, mais j'étais un gosse perdu qui n'appréciait pas ce que représentait sa famille ; je n'avais pas ma place dans leur monde et cela me mettait en colère.

L'aîné de six enfants : je n'ai pas été le grand frère idéal. Mes sœurs me le disent souvent. J'étais – déjà – ailleurs. Depuis, j'essaie de me rattraper.

J'étais prêt à tout, je faisais le mur, je traînais dans les rues. J'ai fini par partir six ou huit mois sans donner aucune nouvelle. Pourtant j'aimais ma famille. Rétrospectivement, l'idée que l'un de mes enfants aurait pu faire la même chose me terrifie. Je n'avais aucune conscience de la réalité du monde et du mal que je pouvais faire. J'étais un gosse très opportuniste. Je partais là où je me sentais bien. Je vivais au jour le jour, et ne pas savoir de quoi le lendemain serait fait ne m'inquiétait pas.

Je fréquentais les clubs jusqu'à cinq heures du matin, je dormais dans les cinémas en entrant par la porte de sortie – c'est ainsi que j'ai vu *Citizen Kane* une vingtaine de fois.

Je vivais avec une prostituée. Elle avait vingt ans, j'en avais dix-sept. Elle s'appelait Solange et elle était aussi paumée que moi. Mes amis étaient des copains de la nuit, qui sortaient pour la plupart de prison. Ça parlait braquage, trafic de drogue, ça me fascinait, je ne voyais pas le côté négatif, j'étais comme ces adolescents en rupture de repères. Je n'étais plus d'aucun monde, ni du mien ni du leur – ce qui m'a sauvé. Car j'aurais très bien pu tomber dans divers trafics ou finir en prison. Mais je vivais cette époque de façon joyeuse. J'étais plutôt beau mec, tout m'était facile. Les homosexuels me draguaient, les filles aussi. J'avais du charme, et on m'aidait. Je pense à Pierre et Georges qui ont été pour moi comme des anges gardiens. Ils le savent…

Il ne faut pas passer à côté de sa chance. Montrez votre intérêt, mettez un pied dans la porte et, au fur à mesure, naturellement, l'opportunité arrive. J'étais fasciné par le cinéma. À l'époque, Jean Marais était une star immense. Avec des amis j'étais allé essayer d'assister au tournage de *Fantomas* au studio de Boulogne. Le type à l'entrée me demande : « Tu veux gagner un peu d'argent ? » Alors j'ai balayé. Trois jours après, j'amenais les cafés, puis je faisais la ventouse – c'est-à-dire empêcher les voitures de se garer lors d'un tournage –, puis je suis devenu assistant. Bref, de fil en aiguille, je suis arrivé sur les tournages mêmes. J'étais sympa, les gens étaient sympas, on me payait au black, je gagnais ma vie. Jusqu'à commencer à faire de la figuration, passer des castings et décrocher mon premier rôle. J'ai imité la signature de mon père sur le contrat d'embauche et je me suis retrouvé à jouer aux côtés de Michèle Morgan dans *Dis-moi qui tuer*, d'Étienne Périer. Grâce à Pierre et Georges, mes anges gardiens, qui produisaient le film.

Mais je n'étais pas fait pour ça. Dans le fond, ce qui m'intéressait, ce n'était pas le métier d'acteur : c'était la vie facile, les belles voitures et les jolies filles. J'ai gagné en un mois ce que mon père gagnait en un an : j'ai tout claqué en quelques jours dans les bars de Saint-Tropez. J'ai appelé mes copains, loué une voiture américaine avec chauffeur, payé l'hôtel et on a fait la fête. Je n'avais plus un sou en poche à mon retour à Paris.

Cela fait peu de temps que j'arrive à parler de cette période de ma vie.

Lorsque, près de vingt ans plus tard, Anne attendait notre enfant, je ne voulais absolument pas avoir un garçon. J'étais tenaillé par la peur qu'il me ressemble. Ce garçon incontrôlable. J'ai demandé à Anne de suivre un régime qui était censé favoriser la naissance des filles, selon la méthode du « docteur Papa » (ça ne s'invente pas). Cela la privait de tout ce qu'elle aimait. Tout s'était concentré autour de ma volonté d'avoir une fille. Je lui avais déjà donné un prénom, Marie, je la voyais courir, me voyais la prendre dans mes bras... Père et fille, l'image d'Épinal. Nous avons appris que c'était un garçon lorsque Anne a eu un grave accident où elle a failli perdre la vie. Arrivant à l'hôpital un matin, je la trouve en pleurs, désespérée. Je croyais que le bébé avait succombé. Non, elle avait simplement appris que ce n'était pas une fille. Elle était sur son lit d'hôpital, rescapée d'un accident mortel… et j'ai claqué la porte, hors de moi ! Bien sûr, je suis revenu. Je l'embrasse en m'excusant, et mon fils Tom est tout ce que j'aime.

L'énergie qui fait la différence

Je n'avais pas atteint la vingtaine mais je sentais bien que tout cela allait mal tourner. Heureusement pour moi, je suis tombé amoureux. Amoureux de la mère de mon meilleur ami. Elle avait vingt-quatre ans de plus que moi. On voit comment le monde a changé, car c'est exactement la différence d'âge entre Brigitte et Emmanuel Macron et aujourd'hui j'ai le sentiment que cela est mieux accepté. À l'époque, cela a étonné ou dérangé beaucoup de monde, en particulier cet ami, dont je suis resté très proche malgré tout – je suis parrain de son fils Rodolphe.

Mais que pouvais-je y faire ?

Cette femme m'a transmis sa passion des animaux. Et je sais aujourd'hui que, si je ne l'avais pas rencontrée, je ne serais pas devenu l'écologiste que je suis. Elle possédait un château en très mauvais état dans l'Allier, à Saint-Augustin, avec mille hectares de terrain – en fait, une réserve de chasse. J'ai donc quitté Paris, sans le moindre regret. Et tout a changé.

La femme que j'aimais m'a fait confiance et m'a encouragé alors qu'on m'avait toujours répété que je n'arriverais à rien. Elle m'a confié la direction du domaine. Tout était à faire et il n'y avait pas beaucoup d'argent. Mais elle m'a permis de « construire » avec elle, elle m'a porté. Je bâtissais enfin quelque chose dont je pouvais être fier, je découvrais ce dont j'étais capable. Goûtant le plaisir du succès, je me suis découvert l'âme d'un entrepreneur.

Quand je suis arrivé à Saint-Augustin, nous accueillions quelques visiteurs le dimanche ; quand j'en suis parti, presque dix ans plus tard, nous en recevions deux cent mille par an : nous avions créé la principale activité touristique du centre de la France.

Là encore, je le répète : il faut saisir sa chance, sans peur, l'attraper à pleines mains et ne pas la lâcher. Bien sûr, rien ne marche jamais complètement comme on le veut, mais ainsi, on commence à avancer. Parfois dans une direction qui nous surprend, mais les étapes ultérieures sont plus faciles à franchir une fois qu'on a fait les premiers pas.

J'aime les gens qui sont capables de porter des projets et de les faire réussir. L'écologie a besoin d'eux. J'en ai rencontré un grand nombre, sur tous les continents. Ils et elles ont tous et toutes cette énergie qui fait la différence, cette étincelle qu'il faut chérir pour allumer la flamme dans le reste du monde. J'ai pour les gens qui *font*, pour les « bâtisseurs », une affection d'autant plus forte que je sais combien ils sont immanquablement critiqués et dénigrés.

L'énergie qui permet de réaliser de grandes choses vient de la confiance en soi, de la capacité à se projeter et à s'investir que l'on découvre... dans l'action. Sans l'intime conviction de pouvoir y arriver, l'échec est certain. Cependant, il arrive que cette confiance presque naïve enfle et se transforme en une arrogance ou un égocentrisme qui agacent très vite. On me l'a parfois reproché, comme à de nombreux photographes. C'est presque une déformation professionnelle : quand on est indépendant, on est obsédé par la quête de nouvelles idées – notre avenir en dépend –, alors parler de soi et de ses projets devient une manière de se donner confiance, de tester ses idées ou de les faire évoluer grâce aux retours de nos interlocuteurs. Mais je le reconnais bien volontiers, l'ego est un piège. Comme dit mon ami Matthieu Ricard : l'ego sent le renfermé.

Rencontre

Le cancre que je suis, viré de toutes les écoles, est aussi un autodidacte. Si je n'ai rien appris en milieu scolaire ou presque, j'ai toujours eu soif de découvrir. Si je n'ai jamais eu de professeur motivant, j'ai toujours cherché à m'instruire des autres, j'ai toujours été à l'affût de rencontres. Je guette en chacun ce qu'il ou elle peut m'apprendre.

Je cherche aussi à vraiment parler avec les gens par-delà les filtres habituels des convenances ou des habitudes. J'ai ce travers ou cette qualité de ne pas respecter l'étiquette, d'être naturel et direct. J'impose trop vite une forme de familiarité, et cela peut déranger, mais je ne sais pas faire autrement – ou je l'ai désappris. Parfois cela marche formidablement, parfois c'est une erreur, parce que cela gêne ou blesse les gens. Souvent, cela me permet de vivre des moments uniques, comme ce fut le cas lors de ma rencontre avec le pape François.

Tout a commencé dans un avion au retour du Congo Brazzaville où, avec mon ami éditeur Pierre Chausse, nous soutenons depuis plusieurs années un orphelinat. Nous aidons les enfants à faire leurs études au travers d'un fonds de dotation monté par une religieuse, sœur Marguerite, dédié à l'Afrique. Il m'est venu l'idée d'illustrer l'encyclique *Laudato Si'* du pape François en y adjoignant mes photos ; nous voulions redistribuer les produits de la vente au fonds de sœur Marguerite. L'importance de ce texte, sa profondeur et l'engagement qu'il représentait – son sous-titre est « Sur la sauvegarde de la maison commune » – m'avaient marqué.

J'ai alors contacté les services du pape pour leur parler du projet, obtenir le droit de reproduction du texte et leur demander de reverser également leurs droits. Les négociations n'ont pas été si faciles, mais nous avons obtenu l'autorisation et le livre est sorti. Puis mon éditeur m'a appelé : le pape voulait me voir et me remercier. Juste le temps d'enfiler une veste, de mettre une cravate et je suis monté dans un avion, plein d'une excitation intense...

Le faste incomparable de la basilique Saint-Pierre et ses gardes suisses totalement anachroniques font que le protocole du Vatican ressemble à un carnaval. Il n'en reste pas moins impressionnant.

Je pensais obtenir un rendez-vous et j'avais préparé une lettre dans laquelle je lui proposais d'organiser chaque année dans les églises du monde entier une journée de l'environnement ouverte à toutes et à tous, occasion de débats et de projections de films engagés. Au lieu de cela, je me retrouve à chanter des cantiques en anglais, en espagnol, en italien... dans une queue de cinq cents personnes qui avaient toutes elles-mêmes quelque chose à lui remettre. Le pape est arrivé avec une heure de retard, une entrée en matière très simple : « Merci d'être là, je vais tous vous recevoir et vous remercier mais je vous demande une chose, c'est de ne pas vous agenouiller, ni de me baiser la main. » Il était très sympathique. Comme tout le monde, j'ai eu droit à quinze secondes. Je sais bien que c'est déjà exceptionnel, mais je n'ai pu lui dire que quelques mots sans intérêt et je n'ai jamais reçu de réponse à la lettre que je lui ai tendue en vitesse. J'étais déçu.

Quelque temps plus tard, l'improbable est survenu : le Vatican nous a rappelés pour nous demander des images afin d'illustrer un discours du pape sur les océans avec les images que nous avions tournées pour le documentaire *Planet Ocean*. Lorsque nous recevons la vidéo, nous découvrons le pape lisant son texte sans la chaleur naturelle que je lui avais vue. Le prompteur était à l'ancienne : une immense feuille de papier qu'on lui déroulait derrière la caméra ! J'ai alors proposé au Vatican de venir filmer directement le pape François. « Le pape, c'est comme la reine d'Angleterre, on ne l'interviewe pas ! » me suis-je entendu répondre ! Mais, trois semaines plus tard, j'ai reçu un appel qui me disait : « Le père François est en vacances. Voulez-vous venir le filmer ? » Nous sommes partis pour Rome avec mes amis Michael Pitiot, mon coréalisateur, et Jim Frey pour cadrer. Je suis reçu par un père jésuite formidable. Nous visitons les lieux tous les quatre, et seuls, pour trouver le meilleur endroit où filmer. Il est vingt et une heures, le Vatican est vide de tous visiteurs. C'était déjà un miracle. Finalement, le choix est porté sur le jardin. Lorsque le pape arrive le lendemain matin, je suis impressionné. « Comment dois-je vous appeler ? » « Appelez-moi père François. » Je découvre un homme incroyablement charismatique, ouvert, joyeux. Un homme qui rigole tout le temps ! Et qui prend la main des gens auxquels il parle, un geste si rare de nos jours quand les gens n'osent plus le contact physique – sans même parler de l'ère Covid.

On a commencé à tourner et… ça n'allait pas. Il lisait son texte sans passion… Je l'ai interrompu et lui ai dit : « Père François, plus d'énergie, s'il vous plaît, on n'y croit pas ! » Là, le temps se fige dans un silence gêné. Visiblement choqué, un membre de son équipe me dit : « Monsieur Arthus-Bertrand, je vous rappelle que vous parlez au pape ! » Et tandis que je me demande comment me sortir de cet impair, je croise le regard du pape, souriant, presque complice, et je sens qu'il n'a pas été choqué, mais qu'il est, véritablement, à l'écoute.

En fait, j'avais eu raison de dire ce que je pensais, car c'était une suggestion sincère pour aller vers le mieux. Et cette petite gaffe, en détendant l'atmosphère, m'a permis ensuite de discuter avec le pape François comme jamais je n'aurais pu le faire sans cela.

Lorsque le tournage s'est terminé, le père jésuite s'est retourné vers moi. « Monsieur Arthus-Bertrand, voulez-vous un chapelet bénit ? » J'ai acquiescé, bien sûr. Et là, le vrai miracle s'est produit pour mes équipes et moi : le père ne devait pas trouver le chapelet, nous sommes restés plus de trois quarts d'heure à échanger avec le pape ! J'avais la chance de lui parler directement, je lui ai dit les choses. Son humanité et son ouverture le permettaient. J'avais, par exemple, été choqué de la nourriture que nous avions mangé la veille. « Père François, c'est de la charcuterie industrielle ! Vous savez que la viande industrielle détruit la planète ? » Sa voiture lourde et carburant au diesel, l'importance des circuits courts... Nous avons parlé de tout. J'étais à genoux à côté de lui, lui montrais les photos de *La Terre vue du ciel* et lui expliquais. Il notait, on riait. Il était vraiment intéressé, c'était formidable. Son humanité est si profonde, si sincère. Il est d'un immense charisme. Très préoccupé par la pauvreté et ses liens avec l'écologie.

Comme pour tous ses visiteurs, on lui avait fait une fiche sur moi. À un moment, il m'a demandé : « Monsieur Arthus-Bertrand, vous ne croyez pas en Dieu ? » « Non, père François, lui ai-je répondu, mais je crois en vous. » Comme trop souvent, j'avais esquivé par une boutade, et voulu faire le malin. D'un geste furtif, il m'a fait sentir que ce n'était pas la réponse qu'il attendait. C'est vrai que ce n'était pas drôle. Mais ma petite équipe et moi sommes sortis enthousiasmés.

« Si l'océan meurt, je meurs moi aussi. » Cette phrase de son discours est restée profondément ancrée en moi.

C'est là le luxe inégalable du métier de photographe : la possibilité de rencontrer des gens extraordinaires que l'on admire ou de se rendre dans des endroits que l'on aime. Peu importe que l'on soit passionné de mode, de sport, de science ou d'environnement : rien n'est impossible. Si je rêve de rencontrer un chercheur spécialisé sur les fourmis en Équateur, je peux le faire. Et si je veux rencontrer le pape, je peux aussi rêver le faire. Même après des dizaines d'années, je ne suis pas blasé de cela, je reste même émerveillé de ce que ce métier peut m'apporter.

C'est cela, être photographe et journaliste : regarder, écouter, apprendre, essayer de comprendre, transmettre. Avoir été autodidacte m'a préparé à ce métier : en me mettant en situation d'apprendre en permanence.

3

Découverte de la cause animale

Saint-Augustin

C'est à cette époque de ma vie que s'est construit mon amour pour les animaux. Le domaine fonctionnait comme une réserve de chasse. Je passais des journées à cheval à l'inspecter. Progressivement, je l'ai transformé en une sorte de parc zoologique, en une arche de Noé un peu loufoque qui recueillait les animaux sauvages dont les cirques, les zoos, les particuliers ou les ménageries ne voulaient plus.

L'époque était très différente d'aujourd'hui. On voyait, par exemple, des ménageries se balader d'école en école. Elles étaient payées pour montrer les animaux aux enfants et les trimbalaient dans une cage en remorque derrière leur voiture. Lions, tigres, hyènes… C'était aussi simple que cela. Il y en avait beaucoup : j'en voyais passer tous les mois ! À la télévision, une émission très populaire de François Lagrange faisait venir sur un plateau des animaux sauvages tenus en laisse. Des photographes achetaient des lionceaux et des gens payaient pour être pris avec eux dans leurs bras. On pouvait revenir d'Afrique, d'Asie ou de n'importe quel endroit du monde avec des panthères, des chimpanzés, par exemple, comme animaux de compagnie. Les réglementations étaient quasi inexistantes. On pouvait acheter un éléphant ou un zèbre par simple fax. Quand ils arrivaient à destination, certains étaient presque morts ; ça ne choquait personne ! Personne ne critiquait les zoos, ou le reste. Nous étions complètement inconscients.

Un jour, le propriétaire d'une ménagerie est venu avec un bébé tigre dans les bras pour me le vendre. Je l'ai pris, bien sûr. Un autre jour, j'ai reçu un bébé jaguar. Mais, lui, je n'ai pas réussi à le sauver. À l'époque, il fallait tout inventer. Pour les petits mammifères orphelins non sevrés, il fallait trouver le bon lait, celui qu'ils allaient pouvoir digérer. J'avais appelé tous les spécialistes que je connaissais, mais rien n'y a fait. Puis un homme de cirque m'a appris qu'on se servait de colostrum de chèvre pour nourrir les nouveau-nés. J'ai pris l'habitude d'en avoir toujours dans mon congélateur. Et ça fonctionnait, en effet.

Peu à peu, le bruit a couru qu'on recueillait les animaux, et des gens ont commencé à nous ramener de toutes parts des animaux dont ils ne savaient plus quoi faire : une panthère de Centrafrique, un bébé chimpanzé rescapé d'on ne savait où… mais aussi certains animaux saisis par les douanes que personne ne savait comment accueillir. J'ai même eu une hyène très sympa. On la sortait, elle se baladait, elle venait nous embrasser. Hyène, tigres, lions, tout ce petit monde vivait ensemble et on trouvait cela normal !

J'ai également élevé beaucoup de faons, de biches, de chevreuils. Il faut savoir qu'il ne faut pas toucher les faons, car ils s'imprègnent alors de votre odeur. La biche ne les reconnaît plus et elle les abandonne. Nous en recevions donc beaucoup. On nous amenait aussi les animaux blessés dans les champs par les fauches de juin, pattes coupées et autres : des renards, des blaireaux, des rapaces que nous soignions.

D'autres parcs se débarrassaient chez nous de nouveau-nés qu'ils auraient euthanasiés si nous ne les avions pas récupérés : c'était le cas des lions, qui se reproduisent facilement.

J'ai ainsi élevé une quinzaine de lionceaux que j'ai tous portés dans mes bras. Bébés, ils dormaient dans un carton dans ma chambre parce que je leur donnais le biberon la nuit. Et je le faisais avec une joie folle. Je leur frottais les fesses – les mères leur lèchent l'arrière-train pour les faire uriner ; si on ne les stimule pas ainsi, ils meurent. Je jouais avec eux. L'un d'entre eux, Victor, était tellement gentil que lorsqu'il a grandi je l'ai laissé rester dans la maison. Il s'installait sur « son » canapé et, chaque soir, c'était toute une histoire pour le faire sortir : je devais le tirer par la queue ! Un soir, nous regardions la télé comme chaque soir ; à cette époque, il n'y avait que deux chaînes mais la télé était pour tous le rituel du soir. Un dépanneur est passé à la maison, nous l'avons invité à s'asseoir. Il n'avait pas vu le lion sur le canapé... Il est devenu tout blanc ! « Mais... mais... Il y a un lion, là ! Un vrai ! » Victor avait deux ans, un jeune mâle qui arborait déjà une belle crinière...

Nous étions très réputés et devenus la première activité touristique du centre de la France. Et comme j'adore entreprendre et que ça marchait, j'étais très excité. Je faisais mon show devant les visiteurs, je rentrais dans le parc des lions, ils me sautaient dessus, m'embrassaient.

Les gens réalisent rarement à quel point ces animaux sont affectueux quand vous les avez élevés. Vous devenez leur père, ils vous suivent partout, ils sont câlins.

J'ai vraiment adoré élever des animaux ; c'était devenu une passion. J'ai beaucoup lu pour comprendre comment ils vivaient, comment ils se comportaient et comment les aider au mieux. J'ai dévoré tous les livres que je pouvais trouver sur le sujet et je suis allé rencontrer des experts partout où j'ai pu. Petit à petit, l'activité de chasse est passée à l'arrière-plan au profit de la réserve zoologique. Mais elle continuait toujours. L'hiver, Les personnes payaient pour venir tirer les animaux : sangliers, cerfs… Or dans une chasse en battue, vous ne savez pas vraiment si vous avez tué l'animal. Les animaux blessés s'enfuient mais ils sont condamnés à mourir dans un coin. Je passais donc le lendemain des chasses pour achever les animaux blessés. Cela ne me choquait pas, jusqu'au jour où j'ai dû en tuer un de mes mains.

Alors que j'inspectais le domaine, j'ai trouvé un sanglier horriblement blessé : une balle dans la mâchoire, les deux pattes de devant coupées. Il ne pouvait plus se déplacer ni se nourrir et pesait vingt kilos tout au plus, contre quatre-vingts pour un animal normal. Il était encore en vie, mais son agonie devait durer depuis des semaines, dans des souffrances atroces. Je suis descendu de mon cheval mais je n'avais que mon couteau suisse. Et cela a été très difficile de le tuer. Je n'étais pas assez outillé. Je devais le prendre dans mes bras pour lui couper la gorge, et le pauvre était si faible qu'il pouvait à peine se débattre. Cela a duré longtemps. J'étais couvert de son sang.

Cela m'a saisi en entier. Plus jamais je n'ai chassé ; plus jamais je n'ai tiré sur un animal. Et surtout, plus jamais je n'ai mangé la viande de la même façon. Tuer soi-même l'animal, ce n'est pas le faire tuer par quelqu'un d'autre. Je suis convaincu que si nous devions tuer l'animal dont nous mangeons la viande, nous lui donnerions la valeur que nous ne lui donnons plus. Un milliard d'animaux sont tués chaque année par l'industrie de l'élevage rien qu'en France. Et nous ne voyons jamais la couleur de cette mort. C'est devenu un grand tabou et cela nous est profondément néfaste.

Olivier Blond qui écrit avec moi ce livre me parle souvent de la banalité du mal, un concept de la philosophe Hannah Arendt, qu'il applique à la crise écologique que nous vivons. Je crois que ce jour-là, j'ai vu en quoi pouvait consister cette banalité du mal et ai décidé de ne plus y prendre part, du moins pour la chasse.

Et puis un jour, presque dix ans après être arrivé au château, je suis parti.

C'était aussi une rupture avec une femme qui m'aimait et qui quelque part a fait ce que je suis aujourd'hui ; j'ai coupé les ponts un peu trop brutalement – je n'ai pas su faire autrement. J'ai laissé derrière moi tous ces animaux que j'avais recueillis, cette famille que j'avais créée et aimée. Je les ai abandonnés. J'en garde encore aujourd'hui des regrets et beaucoup d'amertume contre moi-même.

Amour

Toute ma vie, j'ai ressenti de l'amour pour les animaux. Je ne saurais comment l'expliquer : c'est une part de moi, affective et irrationnelle, mais qui est là pour toujours. Comme ce cerf tatoué sur mon bras quand j'avais vingt ans – un geste impulsif, mais finalement une marque tellement juste, un signe, un destin.

En France, on se moque parfois des gens qui aiment les animaux. Certains s'amusent à les faire passer pour des simplets, des imbéciles.

Mais que comprennent ces railleurs à la relation entre un homme et un chien, à la joie que j'éprouve à me balader dans la forêt avec Apple, mon chien bâtard de la SPA, et à celle qu'il éprouve en retour ? C'est à se demander ce qu'ils comprennent à l'amour tout court. Car les animaux vous aiment, ils offrent leur dévouement sans compter, sans condition, sans arrière-pensée. Et ils acceptent votre amour sans vous juger, sans fausse modestie, sans minauder. Ils donnent et ils prennent une affection brute et sans filtre. Ils le font comme personne ne le pourrait – sauf un parent pour ses enfants. Les animaux ouvrent une porte vers l'amour, vers cet amour qui me porte.

Les chiens, en particulier, nous aiment plus qu'eux-mêmes. Et peu importe que vous soyez parti un jour, une semaine ou un mois, ils fêtent votre arrivée avec le même enthousiasme inconditionnel quand ils vous retrouvent. Cependant, les chiens nous réservent aussi une grande souffrance. Comme le rappelle Jim Harrison dans *La Route du retour* : « On oublie volontiers qu'en moyenne nous mourons sept fois plus lentement que nos chiens. » Ce lien que l'on construit avec l'animal est condamné à disparaître trop tôt. Le chien ne sera pas ce vieil ami qui nous accompagnera jusqu'au bout du chemin. Dès la première rencontre, la fin tragique s'annonce. Et recommencer l'aventure avec un autre chien ne fait que reproduire le drame.

Mon rapport à l'écologie a ainsi commencé par une relation sentimentale, avec cette femme à qui je dois beaucoup, et non pas intellectuelle ; par un coup de foudre et non par un raisonnement. Ce n'est que bien plus tard que je suis devenu écologiste au sens actuel du mot – préoccupé du réchauffement climatique, de la pollution ou des atteintes à la biodiversité.

Cette trajectoire – de l'amour des animaux vers une compréhension globale des enjeux de la protection de notre planète –, j'ai l'impression que c'est celle qu'ont empruntée les femmes et les hommes de ma génération, mais que la jeunesse d'aujourd'hui fait dans l'autre sens. Ainsi, les jeunes gens qui manifestent avec Greta Thunberg ont conscience d'une menace globale, ils appréhendent la fin d'un monde. Ils pensent au climat et s'inquiètent d'un effondrement, ils écoutent les collapsologues mais sont souvent très urbains, déconnectés de la nature. Et toutes ces idées sont bien abstraites en comparaison de l'haleine chaude de mon chien – même si elles sont bien entendu très réelles, elles aussi.

Je n'y mets aucun jugement de valeur. Mais j'ai eu la chance de passer du temps en pleine nature, et j'ai toujours eu besoin de ce rapport direct. Cela peut être simplement marcher pieds nus dans l'herbe : on le fait sans réfléchir quand on est gosse, mais, devenu adulte, on perd cette sensation, on l'oublie. À tel point que dans notre société de plus en plus artificielle et déconnectée, des gens dépensent des sommes affolantes pour participer à des stages, voire à des cures, de retour à la nature.

Il faudrait que, dans notre monde urbain, le lien avec la nature, souvent rendu abstrait, intellectuel, soit reconstruit. À l'inverse, le rapport aux animaux reste très émotionnel. Pour ma part, j'aime les chiens, les cerfs, les oiseaux… j'aimerais tellement mieux les connaître, être plus connecté à eux. Mais je sais que cette relation disparaît peu à peu. Cela a été illustré par une étude britannique, dite « étude Pokémon », qui a fait un certain bruit quand elle a été publiée en 2002 : d'après elle, les enfants de huit ans reconnaissent mieux les « espèces » de Pokémon que des organismes réels comme les chênes ou les blaireaux… Les chercheurs en concluaient que « la perte de la connaissance du monde naturel est liée à une séparation croissante de celui-ci[1] ». Ils poursuivaient en écrivant qu'il faut « rétablir le lien des enfants avec la nature si l'on veut gagner les cœurs et les esprits de la génération à venir, [car] nous aimons ce que nous connaissons […]. Et que pourrait signifier la disparition du condor pour un enfant qui n'a jamais vu que des moineaux ? » Une phrase qui aurait pu inspirer mon travail photographique si je l'avais lue à l'époque…

J'ai été élevé à Paris, mais j'ai désormais la chance d'habiter en bordure de forêt et je ne pourrais plus vivre en milieu urbain. Plus le temps passe, plus je me sens mal quand je « vais en ville ». Tout me semble terriblement laid, alors que je vois la beauté

1. *Why Conservationists Should Heed Pokémon*, A. Balmford, L. Clegg, T. Coulson, J. Taylor (2002).

et l'harmonie dans le moindre arbre ou le moindre insecte. Et puis j'adore pisser dehors : qu'y a-t-il de plus absurde que de pisser dans dix litres d'eau potable, dans les toilettes ?

Misanthropie ?

Les animaux peuvent nous aider à être plus humains. Ils peuvent nous aider à ouvrir notre cœur, pour ne plus le refermer ensuite. Ils peuvent nous aider à lutter contre nous-mêmes, contre notre société moderne, si froide, si efficace. Gandhi l'avait bien vu : « On reconnaît la véritable grandeur d'une nation à sa façon de traiter les animaux. »

Mais la cause animale a mis du temps à émerger en France. Ce qui était reconnu depuis des années dans le monde anglo-saxon, avec les associations de défense des animaux et avec les végétariens (nous en reparlerons), a tardé à apparaître dans notre pays. Heureusement, la cause animale y prend progressivement pied.

Toutefois, je remarque avec regret que cette cause revêt parfois une dimension misanthropique. Ainsi Paul Watson, le fondateur de Sea Shepherd, la très médiatique et très efficace association de défense des océans, ne cache pas son peu d'affection pour l'humanité[1] : « C'est certain, je ne suis pas un grand fan de l'espèce humaine dans son ensemble, mes congénères sont des primates arrogants et incontrôlables. » Il poursuit : « Il y a plus de trente millions d'espèces sur cette planète. Ce sont tous des Terriens. Ils sont tous égaux. Certains sont plus égaux que d'autres, je dois reconnaître : les vers de terre sont beaucoup plus importants que les êtres humains. »

« Plus je connais les hommes, plus j'aime mon chien », disait Desproges.

1. *Le Figaro*, « Paul Watson, le pirate écolo », par Claudie Baran, 26 juillet 2013.

4

Devenir photographe

Photoreporter

Je suis devenu photographe par accident, à une époque bien différente de celle que nous connaissons aujourd'hui : celle de l'âge d'or de la photographie. Les plus grandes agences du monde – Sipa, Sygma, Gamma… – étaient françaises et basées à Paris. Et nous vendions également des images dans le monde entier. C'était aussi l'âge d'or de la presse : *VSD*, *Paris Match*… Les journaux avaient de l'argent et les « agences de pub », comme on disait, en avaient encore plus. Elles envoyaient des équipes de vingt personnes à Tahiti pour faire une pub pour une bouteille de jus de fruits…

À l'époque, on pouvait sonner à la porte des rédactions des grands magazines, être accueilli et montrer ses photos à un rédacteur en chef qui prenait le temps de vous recevoir. Il faut dire que nous étions très peu nombreux : une vingtaine de photographes indépendants ou d'aventuriers qui se croisaient régulièrement, se connaissaient. Aujourd'hui, des milliers de photographes tentent leur chance sur le marché devenu bien plus difficile du reportage. Présenter son travail et obtenir une mission juste en frappant à la porte d'une agence n'est plus possible pour personne – même pour des gens connus, c'est exceptionnel.

Quand je suis rentré du Kenya, j'étais un inconnu, un débutant, mais mes photos ont été publiées dans *Paris Match* ou dans *Geo*. Les magazines ne prenaient pas seulement un ou deux clichés : ils achetaient un sujet qui faisait dix pages, ou plus. Cela n'existe plus aujourd'hui.

Rapidement, je me suis aperçu que je gagnais facilement ma vie en tant que photographe, alors que j'aurais eu toutes les peines du monde à trouver de quoi vivre en tant que chercheur sur le comportement animal. Il n'y avait pas vraiment d'alternative : Anne et moi n'avons jamais soutenu notre thèse sur les lions, mais nous avons publié un livre de photos sur le sujet, et finalement, cela a suffi. Anne a continué de son côté en faisant une thèse de lettres.

Cependant, ce statut d'indépendant n'apportait aucune certitude, aucune sécurité, et il me fallait inventer chaque jour le lendemain, trouver sans cesse de nouvelles opportunités.

Au Kenya, mon cousin me présenta Jacky Ickx. Le célèbre coureur automobile était venu effectuer le Safari Rally – une course africaine qui existait dans le pays depuis 1953. Il me proposa de la photographier. Pour mes photos animalières, je travaillais avec des téléobjectifs. En les utilisant sur la course, j'ai amené une manière différente de photographier ce type d'événement. Jacky me suggéra ensuite de partir sur le Paris-Dakar en me disant que j'allais adorer. Et ce fut le commencement de dix années incroyables.

Le Rallye Dakar actuel n'a plus grand-chose à voir avec le Paris-Dakar des années 1980, une course mythique qui passionnait tout le monde et faisait l'ouverture des journaux télévisés de vingt heures pendant chaque édition – un peu comme la Coupe du monde de football aujourd'hui.

C'était une course très dure – surtout les premières étapes, faites pour décourager les amateurs. On croisait des gars en pleurs plantés dans le sable tous les kilomètres : leur voiture était cassée et le rêve de leur vie s'effondrait, ils allaient devoir rentrer alors que cela faisait des années qu'ils économisaient pour pouvoir participer.

Même pour les journalistes ou les photographes, c'était épuisant : on faisait presque le même trajet que les concurrents – des centaines de kilomètres de piste par jour ! Et à l'époque, pas de GPS : on se perdait tout le temps et vingt-quatre heures pouvaient passer avant que quelqu'un vienne nous chercher. Lors de toutes ces années de courses, sur l'ensemble des participants – coureurs et autres – on a déploré énormément de blessés, et même des morts. Pour la photo, on ne travaillait pas encore en numérique : on envoyait les pellicules à Paris dans des sacs attachés sur les brancards des gens qui étaient rapatriés – il y en avait presque tous les jours.

Mais il faut dire la vérité : le Paris-Dakar, à l'époque, c'était hyperexcitant, une aventure humaine extraordinaire. C'était aussi un clan, une bande de journalistes et de photographes très unis, et on avait du mal à arrêter.

C'est à cette occasion qu'avec Hervé de La Martinière et Benoît Nacci nous avons imaginé confectionner des livres qui sortiraient trois jours après la fin de l'événement. C'était un défi un peu fou, mais très excitant pour toute l'équipe. J'envoyais des photos quotidiennement. L'équipe utilisait les méthodes de la presse pour faire de l'édition ; le livre était monté page après page, au jour le jour. À l'époque, cela n'existait pas et il faut encore souvent presque un an pour faire un livre de photos. Grâce à cela, j'étais devenu le photographe officiel du Paris-Dakar. Thierry Sabine m'a ensuite demandé que nous fassions le livre ensemble. En contrepartie, j'ai négocié ma place quotidienne dans l'hélicoptère, par contrat.

C'est aussi là que j'ai frôlé la mort pour la première fois. En 1986, Daniel Balavoine nous a rejoints. Il était extrêmement sympathique. À trente-trois ans, au sommet de sa carrière, il se mobilisait pour les villages, pour les puits et l'aide alimentaire. Il était très engagé. Le 13 janvier, Thierry me dit : « Yann est-ce que tu peux laisser ta place au Chanteur ? » Il l'appelait « le Chanteur », en référence à son grand tube de 1978 qui en avait fait une star. J'ai donc rejoint les voitures de mes autres camarades photographes pour prendre la piste. Nous faisions la route le soir pour être prêts à l'aube à saisir la course dans les plus beaux endroits. Mais, le lendemain, personne ne passe. Un des journalistes écoute RFI – le téléphone portable n'existait pas à l'époque. Il revient et nous dit : « Thierry Sabine est mort. »

L'hélicoptère s'était crashé, on l'avait retrouvé en mille débris près de Gourma-Rharous, au Mali. Daniel Balavoine et trois autres personnes étaient avec lui. En France, seule l'information de la mort de Thierry avait été divulguée ; les autres noms n'étaient pas encore connus. Ma femme a cru toute la journée que j'étais mort dans l'accident, personne n'osait lui prendre des nouvelles.

Peu après la mort de Thierry, notre ami Mano Dayak, futur chef de la rébellion touarègue, m'a proposé de « nettoyer » le désert comme aujourd'hui certains vous emmènent nettoyer les océans. Ce fut l'un des plus beaux voyages de ma vie.

Le soir, nous buvions du whisky et pendant un mois et demi, perdus dans le désert du Ténéré, il me racontait son histoire, celle de ces fiers nomades qui vivent dans un des milieux les plus inhospitaliers de la planète, mais qui portent un regard poétique sur ce monde hostile. Comme beaucoup de Touaregs, c'était un conteur prodigieux. Les Touaregs ont toujours été fiers et libres, en guerre contre tout le monde ; ils détestaient particulièrement les Français. C'est sans doute pour cette raison qu'ils n'ont pas de pays propre, la nation touarègue se partage entre quatre pays. Mano avait été enlevé à ses parents et conduit de force à l'école. Là, il avait eu la chance de rencontrer un professeur qu'il avait adoré et il était même parti aux États-Unis compléter sa formation avant de revenir chez lui.

Avec Mano, nous avons rempli quatre camions d'ordures et de ferraille abandonnées au milieu de nulle part pendant la course. Nous avons même désensablé et découpé un avion entier. Des motos, des voitures. Quelques années plus tard, lui aussi est mort dans un accident d'avion, avec deux autres chefs de la rébellion touarègue, juste avant des négociations décisives.

Au fil des ans, et peut-être à cause de tous ces décès, le rallye a changé. Il est devenu très professionnel et j'ai arrêté : j'avais l'impression d'en avoir fait le tour.

Le Paris-Dakar n'a plus une bonne réputation. Le mouvement contre le rallye a pris de l'importance à mesure que les questions sociales et environnementales émergeaient dans l'opinion publique. J'avoue n'en avoir pris conscience que progressivement.

Néanmoins, je reste persuadé, quoi qu'on pense, que le rallye a fait naître de vraies passions pour l'Afrique. Certes, on abîmait les pistes. Bien sûr, on ne laissait pas les camps très propres. Et oui, on y croisait des beaufs racistes ou à l'esprit colonial – il y en a toujours. Mais le Paris-Dakar faisait découvrir l'Afrique et les Africains. Notre passage amenait aussi de l'argent sur les lieux, car évidemment on avait besoin de beaucoup de choses. Le rallye a contribué à faire naître un grand nombre d'associations franco-africaines. Beaucoup d'amis s'occupent encore d'associations nées à ce moment-là et qui sont toujours très actives.

Roland-Garros

Après le Paris-Dakar, j'ai vécu une autre aventure : Roland-Garros. C'était un autre challenge un peu fou, comme je les aime. Moins risqué, évidemment. Sur le modèle du Dakar, je couvrais chaque année la compétition et nous sortions un livre immédiatement après la finale. Cela me donnait une grande liberté.

Avec mes téléobjectifs qui étaient de plus en plus grands et de plus en plus lourds, jusqu'à devenir parfois presque aussi hauts que moi, je transformais la manière de photographier les courts de tennis : je m'accrochais à des détails invisibles, je pouvais capter les émotions sur le visage d'un joueur, les grimaces d'une star dans les gradins, l'ombre découpée d'une raquette sur un court, des pigeons sur une chaise dans une tribune...

Je pouvais publier toutes ces photos un peu décalées car, faire un livre, c'est construire un ensemble et s'autoriser des contrepoints ou des anecdotes, ce que la presse ne permet pas. Ces livres m'ont permis de m'exprimer comme jamais un photographe sportif n'aurait pu le faire pour un magazine.

Bâche

Quand on est photographe, on est toujours à l'affût de nouvelles idées, de la photo qui n'a jamais été faite, de ce qui vous fera exister dans le milieu de la photographie. Un jour, je passais devant le Salon de l'agriculture et je me suis dit : « Tiens, ce serait intéressant de photographier toutes les races françaises d'élevage de ferme. » Et j'ai eu l'idée de faire fabriquer une grande bâche en toile de jute, que nous avons « patinée » avec une ami artiste peintre. Les exposants m'ont accueilli à bras ouverts et se sont étonnés du procédé. « Pourquoi pas des ballots de paille en fond comme d'habitude ? » me demandaient-ils.

La bâche est attachée aux débuts de la photographie. Nadar travaillait avec comme l'ont fait Richard Avedon ou Irving Penn, deux autres grands portraitistes et grands photographes de mode. Elle était aussi très utilisée par les photographes de village, autrefois. Je n'avais jamais fait de studio pour ma part et j'ai embauché un assistant spécialisé qui m'a très vite appris (Jean-Philippe, merci). On réglait les lumières avec des Polaroids et les éleveurs m'amenaient leurs vaches. Je leur demandais poliment de se reculer, mais, dès qu'ils n'étaient plus là, la magie n'opérait plus. L'animal semblait avachi, morne. En deux heures, j'ai compris que mon sujet n'était pas les vaches mais la relation entre l'animal et son propriétaire. Car, de la même façon, le paysan, souvent un peu gauche seul, devient avec sa bête, magnifique. J'ai pénétré ce monde des éleveurs avec passion, nous l'avons fait dans le monde entier et je continue à le faire, toujours avec ma fidèle assistante Françoise rencontrée au Salon de l'agriculture il y a trente ans.

Sibylle d'Orgeval qui était mon assistante sur le projet *La Terre vue du ciel*, voulait absolument que j'honore un contrat de livre sur les chevaux que j'avais signé avec les éditions du Chêne. Avec son énergie et son enthousiasme, elle a géré les autorisations, les transports. On prenait le studio avec nous dans nos voyages pour les photos de *La Terre vue du ciel*. On a ainsi photographié les chevaux dans le monde entier. Au fur et à mesure, j'ai décalé mon objectif de la bâche, qui finissait par saisir autant le décor que l'animal sur fond de bâche. Cette série est pour moi la plus belle que j'ai réalisée artistiquement.

Mon travail sur bâche est d'ailleurs le seul à être entré dans un musée. Alors que *La Terre vue du ciel* n'a jamais franchi les portes du monde officiel de l'art, le Centre national d'art et de culture Georges Pompidou m'a acheté la série *Bestiaux* pour ses collections. Il y a dans cette série toutes les races françaises, pas une ne manque.

En 1990, j'ai commencé une autre série, « Les Français », au départ une commande pour tout un numéro de *L'Express*. Je la continue encore et j'adore ça. Dans mon studio, la bâche est installée en permanence ; mes amis viennent se faire photographier en famille. J'ai essayé d'autres couleurs que ma bâche brune mais cela ne fonctionne pas. Même mon projet *Human* est fait sur le fond de cette bâche.

J'en profite pour dire un mot sur une remarque que me font certains photographes : « Bon, moi, je suis photographe de mariage. Vous n'allez pas aimer ce que je fais. » Mais c'est un métier très important. Pour moi, la photographie est avant tout le témoignage d'un moment, avant d'être une œuvre d'art. *La Terre vue du ciel* elle-même est un portrait de la terre à un instant donné de son histoire.

Les photos de mariage : ce sont souvent des moments heureux et c'est agréable de photographier des gens heureux. Et par ailleurs, ces photos, elles se gardent toute la vie et se transmettent de génération en génération. Elles témoignent de l'histoire d'une famille et, avec le temps, de l'histoire tout court. Seydou Keïta, en photographiant ainsi les gens dans sa ville au Mali, est devenu une star internationale.

Avec les téléphones portables, cela change. Mais le photographe de village ou de quartier a un vrai rôle. On peut le voir, par exemple, dans les expositions des portraits d'habitants d'un quartier. Il y a ainsi à Roubaix une rue où les habitants exposent leurs portraits à leur fenêtre, réalisés par le photographe qui habite là. Vous vous sentez accueilli, même s'il n'y a personne sur le trottoir ! Ces portraits soudent, créent le lien social, l'ancrage à une même communauté. C'est le photographe artisan, dans toute sa noblesse.

Une galeriste, dernièrement, me disait : « Ce que je n'aime pas dans tes portraits de famille, c'est que les gens sourient. » Or j'aime photographier ce moment magique où on est content d'être ensemble et j'assume complètement le fait d'aimer photographier le bonheur.

Un monde disparu

Aujourd'hui, le monde de la photographie de reportage a presque disparu ; il est désormais très difficile de gagner sa vie avec. Les grands photographes s'inscrivent dans le milieu de l'art et non plus dans celui du journalisme de terrain. Les œuvres sont représentées par les agents des galeristes de la même manière que les plus grandes stars du show-business. Elles sont cotées sur le marché de l'art et atteignent des montants astronomiques. Alors que le reportage est devenu le parent pauvre de la photographie. Je voudrais partager avec vous mon sentiment d'admiration pour Jean-François Leroy qui chaque année au festival Visa pour l'image met en avant ces photographes humanistes.

À mes débuts, quand je parcourais le monde avec mes appareils, je n'aurais jamais imaginé exposer dans une galerie. Être photographe, c'était une aventure. J'étais toujours sur la route avec mon sac à dos.

J'ai réussi, et je sais que c'est une chance immense. Combien de photographes, parfois talentueux, ont connu l'échec et ont sacrifié à leurs rêves des années de leur vie ? J'essaie de transmettre ce que je peux et d'aider les débutants. Fondamentalement, je n'ai pas forcément de véritable conseil ou de recette à donner aux plus jeunes. J'ai saisi ma chance, je m'y suis accroché de tout mon être, avec toute l'énergie dont je disposais. Saisir sa chance : j'ai bien conscience que c'est un conseil qui n'aidera pas grand monde. Mais la vie est une suite de moments absurdes et de coïncidences parfois surprenantes. Il faut chercher le moyen de faire pencher le destin d'un côté ou d'un autre.

Rétrospectivement, je me rends compte que tout cela avait aussi un coût : je laissais trop souvent ma famille à la maison, et même quand je rentrais, j'étais décalé. Quand je descendais les poubelles, j'avais la tête ailleurs – quelque part en Afrique, le plus souvent.

Mais c'était l'âge d'or de la photographie.

5

La Terre vue du ciel

Un grand projet

Mes dix premières années comme photographe ont été passionnantes, excitantes, mais je me suis vite rendu compte que je ne construisais rien. Je gagnais bien ma vie, je rencontrais des gens incroyables, mais je ne faisais que passer, je n'avais jamais le temps de véritablement m'investir. Il fallait toujours repartir. Même quand je suis allé photographier les gorilles avec Dian Fossey, un grand reportage qui m'a marqué, je ne suis resté que trois semaines. Et puis cela s'est terminé, et je suis passé à autre chose. Je me demandais : À quoi bon tout cela ? Progressivement j'ai voulu trouver ma voie et poser ma marque.

Je m'étais lié avec Sebastião Salgado, un photographe immense, du même âge que moi, qui travaillait en couple et avait réalisé avec sa femme un travail monumental : *La Main de l'homme*, une série sur les travailleurs du monde entier. Il montrait leurs conditions de vie, combien ils étaient exploités, et en même temps, il leur conférait une beauté et une dignité immenses… J'ai compris que moi aussi, j'étais attiré par la construction d'une grande œuvre et j'ai essayé de m'y mettre.

À ce moment de ma vie, j'avais déjà publié *La France vue du ciel, New York vu du ciel, La Bretagne vue du ciel, Le Maroc vu du ciel, L'Égypte*… J'avais même créé la seule agence au monde de photographes aériens (baptisée Altitudes). Mais j'avais envie d'aller plus loin. De plus, j'avais la chance d'avoir parcouru le monde, contemplé des lieux magnifiques… Je voulais partager cela.

C'est alors, en 1992, que se déroula le Sommet de la Terre à Rio – le moment fondateur de l'écologie du XXe siècle. Cette conférence consacra le terme même de « développement durable ». C'est là que naquirent trois des plus importantes conventions internationales sur l'environnement : l'UNFCCC (en français : la Convention-cadre des Nations unies sur les changements climatiques) – qui allait régler le climat et dont le protocole de Kyoto ou le traité de Paris ne sont que des parties –, la Convention internationale sur la biodiversité et celle sur la lutte contre la désertification.

Tout devint clair : j'allais faire le portrait aérien de la planète. Il ne s'agissait plus seulement de faire des photos, mais de réaliser un état des lieux de la Terre, à un moment donné. Je sentais que je devais mener à bien cette idée, même si je ne savais pas encore comment. J'étais sûr d'une chose : personne n'avait fait ça avant. J'allais défricher un terrain vierge, inventer quelque chose. Ce serait *La Terre vue du ciel*.

Je tenais là un grand projet, et même un très grand projet. Nous avons convaincu l'Unesco de nous apporter son patronage. Il allait m'emporter dans cent vingt pays ! Je m'étais fixé comme objectif de terminer le projet pour l'an 2000, mais je continue à le faire vivre aujourd'hui en ajoutant toujours de nouvelles photos ou de nouveaux textes – même si j'ai arrêté de voler.

Accumulation

Je suis quelqu'un qui collectionne, qui amasse : je suis boulimique de travail, et de plus en plus. J'ai donc commencé à accumuler des photos. Et à rencontrer des gens.

La dimension globale du projet *La Terre vue du ciel* me fascinait : il lui donnait une importance et un sens différents de tout ce que j'avais fait auparavant.

Ce travail me rapprochait de celui d'Albert Kahn, un philanthrope qui a parcouru le monde au début du XXᵉ siècle pour construire les archives photographiques de la planète. Marqué par les massacres de la Première Guerre mondiale, il était porté par une ambition magnifique : « Une meilleure connaissance des autres nations pour une meilleure entente, afin de prévenir des conflits meurtriers. » Ruiné par la crise de 1929, il n'a pu mener à bien son projet, et son travail n'a pas suffi à empêcher la Seconde Guerre mondiale ni les autres conflits. Je partage avec lui le besoin d'être utile, de construire une œuvre qui ne soit pas seulement photographique mais qui joue un rôle et qui dise quelque chose sur le monde. C'est pourquoi, très vite, j'ai voulu des textes forts pour accompagner mes photos, qui ne seraient pas de simples légendes.

Progressivement, j'ai compris l'importance de ce que je faisais, ou plutôt de ce que nous faisions : c'était devenu un travail d'équipe, avec de nombreux assistants photos, mais aussi trois personnes qui ont joué un rôle essentiel : Françoise Le Roch, Hélène de Bonis et Isabelle Lechenay.

Pour ce projet fou, j'ai hypothéqué ma maison – avec la bénédiction de ma femme Anne, qui me soutenait. Six mois par an, j'étais parti de chez moi. C'était compliqué pour ma famille. C'était compliqué aussi pour l'équipe : le rythme était tel que je changeais d'assistants tous les deux ans en moyenne : rapidement usés, ils prenaient néanmoins goût à l'aventure et voulaient souvent, après quelque temps, partir ailleurs pour monter leur propre projet. Je leur doit énormément, et je n'en parle pas assez. La quantité de travail était énorme, car je rapportais parfois deux cents rouleaux de photos sur un seul reportage ; il fallait légender chaque photo et retrouver à la main les coordonnées géographiques – les téléphones portables avaient encore de grosses touches en guise de clavier et il était impensable qu'ils soient dotés d'un GPS.

À l'époque, j'ai découvert les livres de Lester Brown qui incarnait il y a vingt ans l'une des voix les plus importantes de l'écologie et du développement durable : il a conseillé Kofi Annan et Bill Clinton, a fondé l'institut World Watch puis l'institut Earth Policy. Il publiait chaque année le *World Watch Report* – une inspiration sans fin, ma bible à moi.

Aujourd'hui, des livres sur l'écologie paraissent presque chaque semaine, mais à l'époque, c'était très différent : il en existait très peu et Lester Brown était le meilleur. Il avait cette vision globale, holistique, nécessaire au projet : il parlait démographie, éducation, émancipation… Il donnait du sens à mon travail.

Hélicoptère

La photographie aérienne est très exigeante. J'ai tout essayé : la montgolfière, bien sûr, mais aussi l'avion et l'ULM, j'ai fait des photos en parachute tracté par un bateau, j'ai même utilisé des cerfs-volants. Rien à faire : l'hélicoptère reste le meilleur moyen pour la photo aérienne. Il ajoute une troisième dimension. Lorsque vous prenez une photographie, vous photographiez devant, à gauche, à droite. Avec l'hélicoptère, vous photographiez aussi du ciel. Il est possible de raser le sol comme de s'élever à plusieurs milliers de mètres (par exemples, mes photos du Kilimandjaro, à quatre mille neuf cents mètres). Si vous avez un bon pilote, vous pouvez tout faire. L'hélicoptère est un outil magique, le moyen le plus luxueux du monde pour faire une photographie de paysage.

Il est aussi extraordinairement dangereux. Il peut vous faire passer du paradis à l'enfer en une seconde, car si l'appareil ne vole plus, il tombe. Et quand il tombe, c'est un engin si léger qu'il explose en mille morceaux. Ce monde me rappelle celui de la Formule 1, où la mort rôde, fait partie de la vie. Presque un tiers des pilotes avec lesquels j'ai volé se sont tués ! Souvent, je l'ai appris des années après, en demandant de leurs nouvelles. Moi-même, j'ai eu plusieurs accidents dont je ne me suis tiré que miraculeusement, notamment alors que je filmais les ravages de l'ouragan Katrina, à La Nouvelle-Orléans : l'hélicoptère est tombé et, pendant sa chute, je ne voyais pas d'autre issue que notre mort. J'étais parti rapidement pour pouvoir faire des images au plus vite. Sur place, presque tous les hélicoptères étaient déjà loués pour les transferts de matériel, de médicaments, pour les journalistes… J'ai dû me rabattre sur un vieil appareil et suite à une erreur de pilotage, nous sommes tombés de presque deux cents mètres. En toute logique, nous aurions dû mourir, mais nous avons eu une chance inouïe : l'hélicoptère a atterri sur un arbre et a rebondi sur une maison dont le toit s'est lentement affaissé comme un coussin, amortissant le choc.

Nous nous en sommes donc tirés, presque indemnes.

J'étais en vie. Je n'y croyais pas.

Ivres de joie, nous nous sommes embrassés avec mon assistant, Fred. Les secours sont arrivés. Un hélicoptère Black Hawk de l'armée américaine m'a helitreuillé et je me suis retrouvé sur le USNS *Comfort*, l'un des deux immenses navires-hôpitaux des États-Unis. Les rescapés s'entassaient partout, les postes de télévision braillaient, les blessés gémissaient. Les médecins ont découpé mes vêtements maculés de sang pour contrôler mes éventuelles blessures. J'étais complètement nu. En état de choc, je n'avais qu'une envie : boire un verre de vin ! Cela devait, quelque part dans mon inconscient, me rappeler mon pays, la France, mes amis. Je pouvais sentir précisément sous ma langue ce goût de terre qu'a le vin. Reste que, tout nu sur ce navire, dans la cacophonie ambiante, je criais en français que je voulais du vin ! J'étais dans une ivresse de joie. Ils ont dû me piquer pour m'endormir. Je me suis réveillé le lendemain, dans des habits militaires, sain et sauf. Et heureux. J'ai repris l'hélicoptère aussitôt, pour ne pas laisser s'installer la peur et le trauma.

Cet accident a eu une conséquence inattendue et il marque un moment important dans mon travail. Dans le crash, j'ai perdu tous mes boîtiers argentiques et mes objectifs. Il fallait que je me rééquipe entièrement, et rapidement. Et j'avais peu de moyens.

Depuis le Kenya, Canon m'accompagne et j'ai tissé des liens très forts avec les techniciens qui entretiennent mes boîtiers depuis toutes ces années ; c'est avec émotion que je les ai vus arriver au bureau avec des paquets cadeaux contenant leurs nouveaux boîtiers numériques.

Je n'ai jamais oublié ce geste fort. Je pense que toutes les marques photo se valent, mais les relations que j'ai tissées avec cette marque dépassaient le geste commercial.

Le danger n'est pas le seul problème de l'hélicoptère. Si on utilise ce moyen de transport, on ne peut pas partir avec un sac à dos à l'autre bout du monde et improviser au fil des rencontres. Il faut louer les appareils, briefer les pilotes, obtenir les autorisations de survol – et dans de nombreux pays, seule l'armée possède les hélicoptères et délivre ces documents. Il faut donc déployer des trésors de diplomatie et d'organisation pour les décrocher, ce qui demande dans certains cas des mois de tractations. Parfois, il faut beaucoup d'habileté pour identifier la personne qui saura ouvrir la bonne porte et la convaincre d'accepter de le faire. D'autant plus que, à l'époque surtout, la photo aérienne était assimilée à l'espionnage. Il reste tellement d'endroits qu'il est interdit de filmer.

L'hélicoptère coûte aussi extrêmement cher. Il m'a donc fallu trouver de l'argent par tous les moyens, et surtout être patient et opportuniste. Au début, je prenais ce qui venait au gré des contrats avec des journaux, des éditeurs, des entreprises. Ils me demandaient des photos pour leurs publications et je faisais les miennes à côté, en négociant dans le contrat des heures d'hélicoptère supplémentaires. J'ai ainsi réalisé mes premières photos de *La Terre vue du ciel* grâce à un contrat avec le Club Med qui voulait que je prenne tous leurs sites. Mes premières photos de plateformes pétrolières ont été faites grâce à un contrat avec Total à Bornéo. Ou encore, j'avais accepté de couvrir le rallye d'Égypte pour faire des photos du pays. Convaincre des offices de tourisme de nous faire travailler, signer des accords d'exclusivité avec les journaux (comme avec Alain Mingan du *Figaro Magazine*)… j'ai passé des années à courir après les mécènes pour finir ce travail qui me dépassait. Cette difficulté considérable – les fonds nécessaires, et pas juste pour payer les locations d'hélicoptères – explique probablement en partie pourquoi personne n'avait auparavant réalisé un travail de cette ampleur sur la Terre. Pendant des années, j'ai voyagé en classe économique en low-cost, avec mes gros téléobjectifs sur les genoux, parce qu'on prenait les billets les moins chers et qu'il fallait batailler avec les compagnies aériennes pour faire passer les surplus de bagages. Lorsque, après des années, j'ai enfin obtenu le soutien d'Air France, cela a véritablement changé ma vie.

Une fois sur place, il faut trouver un bon pilote : parfois, c'est lui qui débusque le meilleur site – c'est le cas du Cœur de Voh, ma photo emblématique. Je survolais la Nouvelle-Calédonie avec mon vieux copain Charles de Montesquieu quand le pilote m'a dit : « Je veux te montrer quelque chose » et il m'a amené sur cette mangrove en forme de cœur. Lorsque j'ai pris la photo, je n'étais pas particulièrement étonné. Je l'ai prise comme une image normale. Mais lorsqu'elle s'est retrouvée parmi les autres dans la sélection pour l'exposition et le livre, elle s'est démarquée. Elle prenait sa dimension symbolique, comme un message d'amour de la terre. Elle a vraiment pris l'importance qu'on lui connaît aujourd'hui lorsque je l'ai imposée pour toutes les couvertures étrangères. Chaque éditeur veut toujours choisir sa propre couverture. J'ai refusé.

Avec le recul, et je n'en étais pas conscient du tout à l'époque, l'amour est au cœur de mon travail : l'amour de la vie, l'amour des gens, l'amour de moi-même aussi peut-être ! (Et un peu trop !)

Quand le dalaï lama nous a fait l'honneur de sa visite lors de la première exposition en extérieur, sur les grilles des jardins du Luxembourg, il m'a dit : « C'est la Terre qui nous envoie un message d'amour. » Peut-être est-ce elle qui m'a transformé. Qui le sait ?

À l'inverse, il y a certains pilotes avec qui ça ne marche pas : je me souviens d'un pilote d'Oman qui a insisté pour me montrer une oasis dont il était très fier. On a volé une heure pour la trouver. Elle était complètement bétonnée, défigurée. Mais pour lui, elle symbolisait le progrès et la transformation de son pays ; et, probablement pour cette raison, il trouvait l'endroit magnifique. La beauté est subjective ! Quoi qu'on en pense, il y a toujours des photos à faire. Un pays laid, ça n'existe pas !

Souvent, sur site, lorsque les gens entendent ou voient l'hélicoptère, ils s'arrêtent et font de grands signes amicaux. Parfois, ils sortent leur téléphone et veulent eux aussi prendre une photo – et bien sûr, la mienne est gâchée. Dans ce cas, il est nécessaire de se poser, d'aller voir les gens et de leur parler, de leur expliquer la démarche, de leur demander de faire comme si on n'était pas là. Ensuite, on remonte en espérant avoir été compris...

Cela m'est arrivé un nombre incalculable de fois. Récemment encore, au-dessus de Madagascar pour le tournage de *Human*, j'ai repéré un groupe d'ouvriers qui creusaient à la pelle un immense trou. Presque mille bras se balançaient ensemble sur un même rythme, ce qui demandait certainement un entraînement et une concentration uniques ; ce mouvement apparaissait comme chorégraphié et gracieux. Les centaines de pelles et la terre qu'elle projetaient en l'air semblaient légères, même si on pouvait deviner l'effort, voire la douleur. C'était démesuré, hors du temps. Et magnifique. Mais quand ils ont vu l'hélicoptère, ils se sont soudainement arrêtés et nous ont regardés. Le juste retour de l'observateur observé. Pour certains d'entre eux, ils n'avaient jamais vu d'hélicoptère de leur vie… Nous nous sommes posés pour discuter et négocier avec eux. Et nous avons pu faire notre séquence qui est un moment clef de mon film *Human*.

Dernier point essentiel : la météo. L'heure d'hélicoptère coûte tellement cher qu'on ne peut pas se permettre d'avoir une visibilité moyenne. Aussi, il m'arrivait parfois d'attendre quatre ou cinq jours pour voler.

Quand toutes les conditions étaient réunies, il fallait encore de la chance. Car on a beau préparer énormément un vol, on ne revient jamais avec les photos qu'on avait en tête en décollant. Parfois, je sens que la chance va arriver, je l'attends. Mais je ne sais jamais à l'avance ce que je vais rapporter.

Tout cela explique que, lorsque je faisais des photos en hélicoptère, j'étais extrêmement concentré. Il fallait saisir cette chance unique et incroyable d'être là. Alors, pour m'assurer que j'avais bien la bonne photo, j'en faisais dix fois trop. Parfois, quand je demandais à certains pilotes de tourner pendant une demi-heure autour du même endroit, je voyais bien qu'ils n'en croyaient pas leurs oreilles, mais je ne pouvais pas lâcher. Je testais des hauteurs différentes, des diaphragmes différents, des angles différents… Mais tant que le pilote ne disait pas qu'il n'y avait plus d'essence, je restais accroché.

C'était encore plus fort lorsque j'entrevoyais une grande image – et quand ça arrivait, je le savais tout de suite. Plus possible alors de discuter. Je ne pouvais plus m'arrêter, j'entrais dans une sorte de transe photographique et je devenais prisonnier de l'image, parce que je savais que ce serait *la* photo de mon voyage. Je ne pouvais pas me permettre de la rater, car je savais que je ne reviendrais jamais à cet endroit.

Le livre

La Terre vue du ciel est un livre et une exposition. Les deux ont connu une histoire extraordinaire. Le succès public a été immédiat et immense.

Pourtant, quand je préparais le livre avec mon ami et éditeur Hervé de La Martinière, personne n'y croyait. Avec Benoît Nacci, le directeur artistique, nous avons essayé de classer les photos dans un ordre logique. Mais ça ne marchait pas, alors nous avons décidé de nous baser uniquement sur des critères graphiques, des alliances ou des oppositions de formes ou de couleurs, des sensations, des impressions.

Pour Hervé, c'était un pari ; un soir, il m'a appelé, désespéré. Les représentants – qui font le lien, fondamental, entre la maison d'édition et les libraires – n'y croyaient pas. Ils disaient que c'était impossible, que cela ne marcherait jamais, que toutes ces photos dans le désordre n'avaient aucun sens et qu'ils ne vendraient jamais les trente-cinq mille exemplaires imprimés. Ils prédisaient un échec éditorial et commercial. Il a eu cette parole formidable : « C'est le livre de ta vie. On fera le format que tu veux et le prix que tu veux. » Il m'a proposé de baisser le prix du livre… ce que j'ai accepté. Je voulais un livre accessible à tous. Les ouvrages de photographies valaient cinq cents francs à l'époque. Nous l'avons 30 % moins cher.

Contre tous les pronostics, ce fut un succès immédiat. J'ai été invité à « Apostrophes », l'émission phare de Bernard Pivot, et j'ai eu l'idée de demander à ce qu'on affiche des photos dans le studio. Pendant l'émission, les spectateurs ont pu les voir et cela a donné une impulsion incroyable au livre – mais la veille, il était déjà en rupture de stock. Le prix de vente a joué un rôle primordial dans ce succès, j'en suis convaincu. Les libraires s'en sont emparés, ils y ont cru, finalement. Un jour, alors que j'étais arrivé en retard à une signature à la Fnac, j'ai dû enjamber les gens qui m'attendaient assis par terre entre les rayons. Ils étaient des centaines !

Pendant deux ans, le livre a été en réimpression permanente. On était tous sidérés par le succès. J'ai ainsi vécu un moment inouï, comme il n'en arrive qu'une fois dans la vie. Ça m'est tombé dessus et ça a transformé mon existence comme si j'avais gagné au loto. Aujourd'hui, j'ai vendu plus de quatre millions d'exemplaires de *La Terre vue du ciel*, toutes éditions confondues. C'est, m'a-t-on dit, le livre de photographies le plus vendu au monde !

L'exposition

Mais le plus important, ce fut l'exposition que nous avons installée dans la rue, sur les grilles du jardin du Luxembourg.

Je cherchais un lieu depuis plusieurs mois, mais aucun musée ne voulait de moi. Je n'étais pas assez « artistique » et je travaillais en couleur, et non pas en noir et blanc, ce qui me valait d'être considéré comme « un photographe de carte postale ». Agnès de Gouvion Saint-Cyr, grande spécialiste de la photographie au ministère de la Culture – et exécutrice testamentaire de Brassaï –, m'a suggéré d'aller voir le musée du Sénat. Elle m'a donné ainsi le coup de pouce qui me manquait. À l'époque, ce musée ne marchait pas bien. Il venait de clore une exposition sur le général de Gaulle qui n'avait pas attiré grand monde. Le lieu était vétuste, le musée sans moyens – il fallait tout faire nous-mêmes, y compris passer l'aspirateur. Mais ils nous ont accueillis, nous ont donné les clés et nous ont dit en substance : « Faites ce que vous voulez. » J'ai râlé et j'ai failli laisser tomber. Mais c'était un cadeau inouï : l'occasion que j'attendais depuis des années ! Quand je pense qu'on a failli refuser !

Robert Delpire, ancien directeur du Centre national de la photographie, ami de Cartier-Bresson et mari de la photographe Sarah Moon, était à l'époque l'un des rares directeurs artistiques à apprécier mon travail. Il a accepté d'endosser le rôle de commissaire de l'exposition et, grâce à sa culture et à son expérience hors du commun, il lui a apporté une contribution inestimable.

J'avais les clés du musée du Sénat, je recevais les gens moi-même et on ouvrait aussi le soir. Le musée ne désemplissait pas. L'exposition avait ouvert en janvier 2000, et dès le début, il était convenu qu'il nous faudrait partir en mai pour laisser la place à une autre exposition. Quand ce fameux mois de mai est arrivé, je n'avais pas du tout envie d'arrêter. Je me suis demandé : Pourquoi ne pas exposer sur les grilles du jardin ? Tout le monde m'a pris pour un fou et chacun y est allé de son bon conseil ou de sa recommandation : mes photos allaient être taguées, abîmées, ça ne marcherait jamais… Malgré ces oiseaux de mauvais augure, je me suis lancé – en faisant plastifier le papier argentique. Et le résultat a été à la hauteur de mes espérances : deux millions de visiteurs, rien qu'à Paris ! Merci à l'équipe du Sénat d'avoir pris ce risque avec nous

J'étais ivre de joie. J'y avais passé dix ans de ma vie et je rencontrais les gens qui aimaient mes photos. C'était la première fois. J'ai adoré ce contact, ces réactions en direct, cet enthousiasme. Quand les gens vous disent : « C'est génial ce que vous faites », pourquoi bouder son plaisir ? Des années après, je ne suis toujours pas blasé de recevoir des gestes d'amour ou d'affection et de faire des selfies avec les gens. Je dis merci à la vie !

C'est l'ironie du destin : le refus des musées de m'accueillir m'a amené à inventer l'exposition photographique dans la rue ; ce désaveu a engendré un succès inouï, qui a porté le succès du livre. L'exposition était comme une sorte de publicité gratuite, une campagne d'affichage gigantesque ! Moi, qui suis une sorte d'entrepreneur avant tout, je cherche toujours à faire différemment. J'étais ravi !

Le concept était radical à l'époque. Cela n'existait pas. Les expositions extérieures sont maintenant devenues une banalité absolue ; pas de grande ville qui n'organise de telles expositions, parfois plusieurs en même temps. Nous avions dû bricoler des procédés techniques pour imprimer des photos sur des supports résistant aux intempéries – ils ont été repris partout dans le monde.

Nous avons réalisé deux cents expositions dans le monde sur ce modèle, gérées par ma sœur Catherine. Vingt ans plus tard, je continue. Avec un succès pareil, pourquoi arrêter ! Mes expositions ont une particularité, ou plutôt quatre : au moins cent vingt photographies, pour donner une vision globale de la planète, un accès libre de jour comme de nuit, la gratuité, pour que chacun, d'où qu'il vienne, quel qu'il soit, puisse accéder à ce portrait de la planète, et l'association avec des textes. Cette association est très importante. Nous nous en sommes rendu compte dès la première exposition au jardin du Luxembourg. Lorsque nous installions les photos sur les grilles avec mon épouse et mes assistants, les gens passaient en regardant. Dès lors que nous avons mis les textes, ils se sont arrêtés. Ils lisaient le texte, reculaient et regardaient la photo différemment. Dans tous les endroits du monde où nous avons exposé, le phénomène s'est reproduit. Seule cette association entre le texte et l'image permet de donner un nouveau point de vue, ce que ma photo seule ne peut pas faire. Elle a besoin d'être expliquée. Être saisi par la beauté graphique des masses d'eau dans un estuaire et savoir qu'elle est le résultat d'une pollution gigantesque produit un schisme intérieur. Un dérangement profond qui, je crois, peut changer ce que l'on croyait savoir, reconsidérer ce que l'on pensait bien ou mal, ou du moins ouvrir un questionnement.

La préférée

Parmi toutes ces photos exposées, et presque à chaque nouvelle exposition, on me demande laquelle est ma préférée. J'ai bien du mal à répondre : c'est un peu comme si on me demandait lequel de mes enfants je préfère. La question n'a aucun sens, elle n'attend, en vérité, aucune réponse. Mais les photos dont je me souviens le plus sont celles que j'ai ratées. Je tourne et je retourne sans cesse dans ma tête ce qui n'a pas marché, je ressasse l'échec avec amertume.

En revanche, ce que je peux révéler, c'est une obsession particulière pour les fractales. J'ai été influencé dans mon travail par des photographes comme Georg Gerster, un pionnier suisse de la photographie aérienne dont les images étaient documentaires, mais aussi esthétiques. Si ce n'est que lui photographiait depuis un avion et sans téléobjectif. Or, avec le téléobjectif, je peux isoler un petit morceau du paysage ou recadrer un détail pour en faire ressortir les lignes, les qualités graphiques – ou encore l'expression des fractales, comme, par exemple, les formations cristallines du lac Magadi au Kenya. Les fractales me fascinent. Je les retrouve partout. L'infiniment grand et l'infiniment petit se rejoignent sans cesse. Pour bien des images, les compositions sont tellement fractales qu'il est souvent impossible de deviner l'échelle d'une image si on ne connaît pas l'endroit : ainsi, une photo peut représenter une surface de deux mètres carrés comme de deux kilomètres carrés. Je dois alors insérer dans le cadre un détail (un bateau, un vol de flamants roses, une personne descendue de l'hélicoptère…) pour que l'on puisse prendre la mesure de ce qui est représenté.

La Terre vue du ciel : une époque

Tout cela est arrivé à une époque charnière et ne pourrait plus se reproduire aujourd'hui. Il y a vingt ans, la photographie aérienne amenait une vision complètement nouvelle de notre planète, elle offrait des images que personne n'avait jamais vues. Aujourd'hui, avec Google Earth, chacun a dans sa poche, sur son téléphone, le monde entier vu depuis l'espace. Et avec un drone et une caméra 4K, tout le monde peut faire de très belles images – parfois plus belles que celles que je faisais à mes débuts. Certes, ce n'est pas la même chose : il n'y a pas de téléobjectif, et pas forcément un œil derrière la caméra… mais on capte en cinq minutes ce que je mettais des mois à obtenir ! Combien de temps, d'énergie et d'argent ai-je dépensés à faire décoller des hélicos ? Les drones m'auraient bien changé la vie !

Même l'obsession de localiser géographiquement chacune de mes photos est presque devenue un anachronisme quand le moindre appareil photo possède un GPS qui ajoute automatiquement ces coordonnées au fichier.

Mais au final, *La Terre vue du ciel* est plus qu'une somme d'images : c'est un état des lieux et une vision du monde. Je ne faisais pas seulement un livre de photos, je donnais du sens. C'est pour cela, également, que les légendes et les textes sont tellement importants pour moi. Toutes mes photos ont quelque chose à raconter. Parce que, modestement ou immodestement, comme Albert Kahn et comme tant d'autres peut-être, je ne voulais pas seulement faire de la photographie, je voulais changer le monde. C'est un sentiment que je n'avouais pas, dont la prétention me faisait un peu honte jusqu'à ce que Yves Cochet me dise un jour : « Tout le monde a le devoir de changer le monde. Tout le monde peut le faire, chacun à sa façon. Et tout le monde en a envie ! » C'est le propre de l'homme.

6

Militant et photographe

Si vous trouvez deux fois, trois fois que deux choses, trois choses sont formidables ou magnifiques, ne craignez pas les répétitions : répétez le mot formidable, ou magnifique, sinon vous trahiriez votre pensée.

André Breton

Beauté

Je crois qu'être photographe, c'est saisir la beauté, y compris lorsque le lieu ou le moment ne sont pas beaux. Le photographe a l'art de révéler ce que d'autres autour peuvent ne pas voir, alors même qu'ils sont présents. Et il le partage. Le photographe de quartier fait cela, le photoreporter fait cela, Nadar faisait cela. La beauté, c'est l'essence même du métier de photographe. Je crois qu'on a le cerveau programmé pour cela. En aérien, c'est encore plus vrai, car vu du ciel, tout est beau : les lacs irisés du Kenya, les courbes inattendues des dunes blanches d'Australie, la forêt luxuriante de Guyane, les horizons glacés de l'Antarctique et la beauté multicolore des hommes et des femmes qui la peuplent. Du ciel, les imperfections sont gommées. L'hélicoptère amplifie cela encore car on peut s'arrêter sur ce qui est beau ou se mettre à la bonne distance. Néanmoins comme tout le monde, je trouve toujours que mes photos sont réductrices, en deçà de la beauté qui était sous mes yeux. Comment rendre compte de la puissance d'un glacier de Patagonie ? Elle te dépasse !

Si menacée qu'elle soit, la Terre est magnifique. C'est une compagne de cinq cents millions de kilomètres carrés avec laquelle je travaille depuis des années. J'ai rencontré un grand nombre de personnes très différentes qui m'ont appris presque tout ce que je sais sur son état, et qui ne cesse de se confirmer étude après étude. Comment avec tout ce que l'on produit, des enfants peuvent-ils encore avoir faim, des réfugiés être perdus dans des camps, des ouvriers s'épuiser ? J'ai vu les bulldozers détruire les forêts, les nappes de pétrole souiller les plages ou les animaux agoniser dans les abattoirs... Et je sais que même les forêts les plus reculées sont menacées par notre appétit de bois, d'huile de palme, ou tout simplement de terres cultivables. Même les océans les plus vastes ou les plus lointains sont pollués par des déchets plastiques qui étouffent la vie, ou vidés de leurs poissons par des bateaux-usines de plus en plus grands.

Militant

C'est ainsi qu'au fur et à mesure je suis devenu militant. J'ai orienté mon métier vers la prise de conscience écologique, comme tant d'autres. J'ai rencontré des agriculteurs engagés, des chefs d'entreprise, des chercheurs, des boulangers, des chefs cuisiniers, des politiques engagés. Moi, je l'ai fait avec ce que je savais faire : la photographie aérienne et la quête de beauté.

Tous les signaux planétaires sont au rouge. Je suis en colère face à l'inaction de la finance, de la politique, de l'industrie. Je suis plus qu'inquiet. Mais j'ai rejoint la cohorte des engagés et cela me rend heureux. C'est le paradoxe de l'engagement : indigné, en colère, anxieux mais heureux. Je me sens à ma place.

Des héros

De proche en proche, voyage après voyage, en cherchant les meilleurs lieux ou les meilleures photos, en me renseignant, j'ai rencontré les meilleurs experts et les plus grands activistes. Ce sont mes héros.

Au Sénégal, j'ai vu les pêcheurs qui reviennent bredouilles et ne peuvent plus nourrir leur famille à cause de la surpêche pratiquée par les bateaux-usines européens et chinois. Certains se posent la question de partir en Europe, malgré tous les risques dont ils sont extrêmement conscients, et malgré leur attachement à leur pays. Mais j'ai aussi rencontré Haïdar El Ali qui, avec son association, a lutté contre la surpêche, replanté des millions d'arbres et donné aux femmes de nouveaux moyens de subsistance et surtout d'autonomie. Il est même devenu un temps ministre.

Dans le parc des Virunga, dernier refuge des gorilles de Dian Fossey, deux cents gardes ont été tués en quelques décennies dans leur lutte contre les braconniers ! Ils ont accompli un exploit sans pareil : pas un seul gorille de montagne n'a été exterminé au cours des dix dernières années d'après les Nations unies, qui s'en félicitent. Mais à quel prix !

Difficile de citer toutes les personnes exceptionnelles que j'ai rencontrées et qui m'ont transformé. C'est le cas de personnalités publiques désormais bien connues, comme Allain Bougrain-Dubourg, que j'ai la chance de connaître depuis l'époque de Saint-Augustin, quand il parcourait la France pour faire découvrir le monde animal. Mais également Jane Goodall, bien sûr, Claire Nouvian, qui se bat avec courage et intelligence contre la pêche profonde,

Vandana Shiva, militante de la paysannerie indienne, Paul Watson et ses pirates qui protègent les océans. Et aussi des militants un peu moins célèbres, comme François Hugo, qui plonge pour sauver les phoques d'Afrique du Sud, Sandra Bessudo, qui a créé une aire protégée pour les requins en Colombie, Marc Ona, qui se bat contre la déforestation illégale et la corruption au Gabon, ou mon amie Runa Khan, qui aide les pauvres du Bangladesh à faire face au changement climatique et à accéder à des soins.

GoodPlanet

Avec le succès de *La Terre vue du ciel*, j'avais désormais les moyens de faire tout ce que je voulais. En m'exposant médiatiquement, j'étais aussi confronté à une opinion publique qui attendait de moi plus que des images. Les gens me demandaient de prendre position sur tel ou tel sujet et m'appelaient à l'aide, pour tel ou tel combat. À mesure, nos actions militantes grandissaient et dépassaient le seul travail de *La Terre vue du ciel*. Les opportunités et les projets foisonnaient. C'est ainsi que, de fil en aiguille, s'est créée l'association GoodPlanet – elle deviendrait plus tard une fondation grâce au travail de la fidèle Véronique, notre secrétaire générale. Je ne voulais pas qu'elle porte mon nom, parce qu'elle ne m'appartient pas, elle appartient aux gens qui y travaillent et aux idées qu'elle véhicule.

Depuis toujours j'ai fonctionné ainsi. Beaucoup de mes projets sont nés des personnes qui travaillent avec moi : Françoise, Véronique, Éric, Cédric, Steeve, Julien, Mathieu, Gwenael… On me demande parfois : « Quelle est la stratégie ? » Nous n'en avons pas. Lorsque l'idée est bonne, que la volonté et l'enthousiasme sont là, on trouve les moyens pour le faire. Ainsi, en 2005, je voulais compenser les émissions carbone liées à mon travail. Mathieu avait été embauché chez nous quelques mois pour nous aider sur des textes, et la question carbone le passionnait. Nous avons calculé mes émissions depuis le début des vols pour *La Terre vue du ciel* (1990) afin de les compenser. Mais, au début des années 2000, la compensation carbone était balbutiante et les opérateurs peu nombreux. Je ne voulais transformer mes émissions ni en forêts d'eucalyptus géantes qui ruinent la biodiversité des sites et pompent leur ressource en eau, ni en forêts d'éoliennes tout aussi géantes au profit d'acteurs privés. Or c'était peu ou prou tout ce que je trouvais. J'ai donc décidé de créer notre propre programme. Ce serait Action Carbone Solidaire, une agence de compensation sous la forme d'une association que Mathieu a dirigée les six premières années. Elle est un peu plus chère que les programmes classiques mais son but est d'aider les gens à mieux vivre. Nous transformons les émissions carbone en programmes de développement de communautés villageoises les aidant, par exemple, à reprendre leurs terres et à les reforester – comme pour le peuple kogi en Colombie –, à faciliter l'accès à une énergie durable et renouvelable aux populations qui en manquent, ou encore à la construction d'écoles bio-climatiques. La production de biogaz domestique ou, à la très petite échelle du village, à partir des excréments et des déchets agricoles est une des formes de compensation les plus recommandées par les ONG. Aujourd'hui, nous sommes un des premiers développeurs de ces solutions : en Inde, au Pérou, au Mali et en Chine, nous avons ainsi permis l'installation de près de trente-cinq mille biodigesteurs, fours solaires ou foyers améliorés. Il est sûr que la compensation carbone n'est pas la solution ultime et qu'il nous faut réduire nos impacts. Mais ce que j'ai découvert et ce que nous avons mis en place, c'est qu'elle peut être un outil de développement pour des communautés, de transfert de technologie et de restauration de la biodiversité. Depuis la création en 2006, nous avons ainsi soutenu cinquante programmes, replanté deux millions d'arbres, et fait deux cent vingt mille bénéficiaires dans des communautés du monde entier qui n'ont pas accès à la finance pour se développer.

De multiples projets sont nés de cette façon. Les Poster-École, par exemple, qui furent lancés également en 2006 et qui me tiennent particulièrement à cœur. Pendant plusieurs années, nous avons conçu, imprimé et distribué des séries de posters pédagogiques destinés à initier les enfants au développement durable. Ces posters, illustrés de photos, ont été distribués gratuitement à trois cent mille exemplaires, dans presque toutes les écoles de France. Et régulièrement, quand j'interviens dans une salle de classe, je peux, avec un grand plaisir, en voir quelques-uns sur les murs.

Une fondation a besoin d'un lieu, sinon elle a du mal à s'incarner. Elle s'est déployée dans le domaine de Longchamp, une concession de la Ville de Paris où nous logions déjà avec le WWF depuis 2004. Le WWF avait obtenu la concession à condition d'en faire un grand lieu d'accueil écologique parisien. Tout était à rénover : le château, des bâtiments des années 1970 qui avaient abrité un centre d'études internationales pour l'enfance mais qui étaient abandonnés depuis dix ans… Nous avons fait les travaux et emménagé aussitôt que la concession fut signée. En plein hiver. Mais j'étais enthousiaste de quitter nos bureaux parisiens de la rue des Favorites dans le XVe arrondissement pour loger l'équipe au milieu des arbres et il faut le dire aussi, un peu au milieu de nulle part. On a essayé d'organiser des services de covoiturage et même de minibus, mais appliquer concrètement ces formes d'organisation n'est pas si facile. C'était difficile de se restaurer et, après six mois de commandes de pizzas, nous avons installé une grande cuisine au croisement des bureaux, un food truck de cuisine végétarienne et des tables de pique-nique à l'extérieur. Le nom de la fondation est né là sur ces bancs, un midi sous les arbres.

À l'époque, nous n'étions qu'une petite dizaine. Aujourd'hui, la fondation emploie plus de soixante personnes. Lorsque le WWF a quitté les lieux en 2016, nous avons eu l'accord de la Ville de Paris pour reprendre la concession et j'ai pu réaliser mon rêve : un lieu utopique pour les familles et les enfants, gratuit, consacré à l'écologie et à la solidarité, centré sur la découverte et la sensibilisation et favorisant l'action concrète. Depuis son ouverture au printemps 2017, 450 000 personnes sont venues, 750 projections de cinéma ont eu lieu, 250 conférences, des concerts, des pièces de théâtre (plus d'une centaine en tout !), plus de 800 ateliers ont été organisés pour plus de 7 000 participants. Nous avons plus de 300 partenaires, qui sont des entrepreneurs sociaux ou engagés et des associations. Nous avons créé des expositions permanentes splendides grâce à la générosité d'artistes qui sont mes amis. Armand Amar, qui a composé toutes les musiques de mes films et de mes émissions, a mis à disposition plus de mille instruments du monde entier dans une magnifique salle du dernier étage du château. Cette collection est exceptionnelle. Car, comme la biodiversité, comme les langues parlées dans le monde, de nombreux instruments de musique traditionnelle disparaissent. Depuis des années, Armand sauve de l'oubli ces instruments et les achète dès qu'il en trouve au cours de ses voyages. C'est une grande part de cette entreprise titanesque qu'il a mise à notre disposition à Longchamp.

Nous avons aussi créé l'exposition Planète Océan qui réunit pour la première fois les œuvres de grands réalisateurs et des acteurs engagés sur la vie marine : Jacques Perrin et Jacques Cluzaud, Christian et Noé Sardet, Brian Skerry, Denis Lagrange et la fondation Tara. À côté de cela, nous avons créé la ruche géante qui offre une vision artistique et scientifique du monde des abeilles.

Le domaine de Longchamp est devenu un « tiers lieu » fait de bric et de broc, de mobilier recyclé, de beauté et de bonnes intentions, pour venir en famille découvrir l'écologie pratique et rencontrer les acteurs de l'écologie d'aujourd'hui (Cyril Dion, Matthieu Ricard, Muhammad Yunus, Nicolas Hulot, Yannick Jadot…). Il accueille environ cent mille personnes par an.

L'idée est de permettre à chacun de partager une expérience : essayer la permaculture, une recette végane, une séance de relaxation. De nombreuses activités pédagogiques sont proposées pour les enfants.

Nous accueillons des festivals et nous avons aussi créé une école de cuisine durable. L'agriculture et l'alimentation, ce sont 40 % des émissions de gaz à effet de serre mondiales, 70 % de l'utilisation d'eau douce. Et le repas, c'est ce qui relie les gens, la fête, la convivialité.

Une de nos premières actions a aussi été de créer une forme d'agence de presse centrée sur l'écologie et la solidarité où nous sélectionnons les articles parus dans de multiples supports de presse différents et en produisons nous-mêmes : *GoodPlanet mag*. Nous avons créé une plateforme numérique participative et un réseau de jeunes ambassadeurs que nous formons pour dispenser des animations dans des écoles. Nous avons même eu un camion pédagogique qui sillonnait la France avec un « escape game » sur les économies d'énergie.

Désormais, je rêve de réintroduire dans le bois de Boulogne des cerfs et des biches qui peut-être, un jour, traverseront en toute liberté les allées du bois, croisant les joggers ou les prostitué(e)s. Sans peur, parce qu'ils ne risqueront rien. Le projet est difficile, les animaliers me disent que ce n'est pas assez grand. Mais le parc de

Dyrehaven à Copenhague où les cervidés vivent en liberté est à peine plus étendu. Le risque d'accident avec les voitures existe... Mais ce qui est anormal, c'est de ne pas voir de cervidés dans ces bois. Ce sont les animaux de nos forêts. C'est un cadeau que d'apercevoir une biche ou un cerf ! C'est une image de l'harmonie. Cela va être compliqué mais on va essayer.

GoodPlanet est devenue une plateforme de soutien financier pour des projets d'aide au développement dans le monde entier afin d'aider les gens à mieux vivre : Colombie, Équateur, Pérou, Bolivie, Maroc, Togo, Cameroun, Éthiopie, Madagascar, île Maurice, Botswana, Inde... et bien sûr la France. J'en suis très fier.

Très vite, GoodPlanet s'est aussi donné un slogan : « Agir rend heureux ». Car, en agissant, on reprend la main sur au moins une partie de son destin. Et cela donne une grande sensation de fierté et de bonheur.

Gratuité

Les droits d'auteur du livre *La Terre vue du ciel* étaient considérables. Pendant des années, cet argent tombé du ciel allait me permettre de faire ce que je voulais ; c'était nouveau pour moi. En particulier, je n'avais plus besoin de vendre mes photos pour vivre ; j'ai pu les mettre en ligne gratuitement sur Internet et même les offrir aux ONG ou aux institutions qui le demandaient.

C'était important pour moi, car j'ai toujours eu l'idée que ces photos ne m'appartenaient pas. J'avais l'impression que ces images m'étaient données par la Terre et que je ne devais pas gagner de l'argent avec. Que j'avais une mission : les diffuser le plus largement possible. C'est aussi pour cela que j'ai toujours refusé de vendre mes photos à un prix élevé à cette époque et de les numéroter, pour ne pas entrer dans le monde de la spéculation, qui joue sur la rareté – au contraire, je voulais diffuser mes œuvres le plus possible.

J'ai aussi toujours insisté pour que mes expositions soient accessibles gratuitement. C'était une condition pour toutes les expositions *La Terre vue du ciel*, et il en a été de même, plus tard, avec mon projet Home et de nombreuses autres actions.

Qatar

Nous n'avons pas tout réussi. Et je me souviens encore que j'ai fait une grosse erreur quand j'ai soutenu la Coupe du monde de football au Qatar

– l'affaire me poursuit encore, aussi vais-je prendre le temps de m'en expliquer.

J'avais rencontré Cheikha Moza, l'une des femmes de l'émir et la présidente de la Fondation du Qatar, à l'occasion d'une prise de vue de chevaux arabes pour ma série « Chevaux ». Quelques années plus tard, je cherchais des financements complémentaires pour mon film *Home*. C'était mon premier film et nous avions dépassé les budgets. Je crois que j'avais confondu les moyens de la photographie et ceux du cinéma ! J'ai contacté la fondation, qui a traduit le film en arabe et a acheté les droits pour le diffuser gratuitement sur toutes les télévisions arabes. La somme nous permettait de finir le film. J'étais ravi ! Non seulement je pouvais finir mon film mais j'en accroissais la diffusion dans les pays arabes alors même que nous dénoncions dans *Home* notre développement fondé sur le pétrole et la gestion catastrophique de l'eau dans cette région du monde.

Des années plus tard, cette même fondation a demandé mon soutien quand il s'est agi d'accueillir la Coupe du monde de football. Ils m'ont alors expliqué que tous les transports en avion seraient compensés en carbone et que les stades seraient démontés et envoyés dans tous les pays du monde après la compétition. Cela m'a semblé une idée originale et généreuse et j'ai accepté. Pour être honnête, je ne pensais pas qu'ils remporteraient la mise. Quand j'ai découvert que les stades allaient être climatisés, je me suis rendu compte que ce projet était absurde et que j'avais eu tort. Et j'avoue qu'à l'époque où on m'a présenté le projet, je n'avais même pas pensé à la possibilité d'une installation de grande ampleur de ce type. C'était une erreur de ma part. Mais cela s'est transformé en soupçon de corruption, ce qui n'est pas vrai. L'argent qui avait été versé par la fondation était un contrat de diffusion et est allé entièrement à la production de mon projet *Home*.

Honneurs

Avec *La Terre vue du ciel*, j'ai aussi reçu de nombreux honneurs ; je ne compte plus les médailles et les titres qu'on m'a décernés.

C'est un clin d'œil du destin à mon père qui fabriquait toutes ces décorations. Mais je ne les porte jamais. Pour paraphraser la célèbre citation de François Mauriac : « Les médailles, ça ne se demande pas, ça ne se refuse pas et ça ne se porte pas. »

La seule fois où j'ai porté une décoration, une médaille militaire, j'avais douze ans et je l'avais volée à mon père. J'étais dans le métro et un vieux monsieur (probablement un ancien soldat) s'est mis en colère quand il l'a vue. Il me l'a arrachée et m'a fichu une claque en m'engueulant. Je m'en souviens encore.

Quand j'ai fait mon discours à l'Académie française, sous la coupole, en habit vert, j'étais très ému. De même que lorsque j'ai été nommé ambassadeur de bonne volonté pour le programme des Nations unies pour l'environnement. Je fais aussi partie du prestigieux clan des peintres de la Marine.

Mais, à chaque fois, je ressens un sentiment étrange, j'entends une petite voix qui exprime comme un doute. Tout cela est-il vraiment justifié ? L'ai-je vraiment mérité ? Je suis décoré maintenant comme un général russe. Parfois, je me dis que c'est trop. Quelles décorations ont les infirmières, les sages-femmes, les facteurs et tant d'autres qui donnent tellement pour les autres ?

C'est tout particulièrement vrai pour les treize écoles qui portent désormais mon nom. C'est un honneur immense et un geste hautement symbolique concernant l'avenir que l'on souhaite à nos enfants, et auquel j'ai le plaisir d'être associé. Mais c'est beaucoup pour mes épaules. D'autant plus que je n'ai pas le temps de visiter toutes ces écoles aussi souvent que je le souhaiterais. Je ne crois pas avoir été choisi pour ma personne mais pour les valeurs que je porte, celles de l'écologie ou du développement durable. Sous cet angle, cela met en avant cette nouvelle dimension de mon travail qui est devenue essentielle : celle du militantisme.

7

Home

Le cinéma n'a pas de règles et heureusement.

Jean Cocteau

Vu du ciel

Quelques années après *La Terre vue du ciel*, je me suis lancé dans la télévision, en 2005. C'est Jean-Louis Remilleux, producteur entre autres de « Secrets d'histoire » aujourd'hui, qui m'en a convaincu. Et cela a changé ma vie. J'étais certes un photographe connu, mais les gens connaissaient mes images plutôt que mon visage – sans parler de mon nom, qu'ils n'arrivaient souvent pas à prononcer en entier.

Avec Jean-Louis, et avec l'émission qui s'est appelée, assez simplement, « Vu du ciel », je suis devenu une personne publique. On me reconnaissait dans la rue ou dans le taxi, on m'interpellait... C'est à ce moment que j'ai rencontré Olivier Blond qui écrit avec moi ce livre – il avait créé la page écologie de *Courrier international*, que je lisais régulièrement, et je lui ai demandé de m'aider à monter l'émission avec d'autres journalistes.

J'adorais être derrière l'objectif, et tout d'un coup, je passais de l'autre côté. Moi qui avais l'habitude de tout maîtriser, de peaufiner chaque détail avec mon esprit maniaque et perfectionniste, je m'exposais, personnellement, sur un terrain que je ne connaissais pas du tout. Cette situation m'angoissait énormément, et c'est peut-être pour cette raison que je me suis montré irascible, parfois même désagréable.

Il faut bien reconnaître qu'au début j'étais très mauvais. Je n'arrivais pas à dire mes textes. Le premier jour de la première émission, tournée entre Israël, la Jordanie et les Territoires occupés, le prompteur est tombé en panne dans l'hélicoptère et je me suis mis à bafouiller. C'était pathétique, je m'en suis rendu compte tout de suite. Mais quand j'ai vu la tête de l'équipe en bas... j'ai compris que c'était encore pire que cela. J'ai appelé ma femme et je lui ai dit que j'arrêtais tout. Finalement, je me suis accroché et j'ai continué. Mais les débuts ont été vraiment difficiles.

Des années plus tard, j'ai regardé un making of que nous avions fait sur l'émission et j'ai été surpris en voyant mon attitude : je parlais à l'équipe de manière très dure, presque brutale. Le stress me rendait très con. Cela m'a profondément dérangé parce que je ne m'en rendais pas compte à l'époque – pas à ce point, en tout cas. Et j'espère que les personnes que j'ai blessées me le pardonneront.

Peu à peu, j'ai mieux maîtrisé l'exercice. J'ai aussi compris qu'il fallait que je m'approprie mes textes, que je les écrive moi-même pour être le plus naturel possible. Trente ans après mes débuts au cinéma avec Michèle Morgan, j'étais toujours un aussi mauvais acteur !

Le programme a bien marché, plusieurs millions de spectateurs regardaient chaque épisode et « Vu du ciel » est devenue l'émission française la plus vendue à l'étranger : distribuée dans trente pays, elle est d'ailleurs encore rediffusée.

Cependant, les audiences se sont progressivement érodées, et alors que j'essayais d'élargir mon propos, de parler non seulement d'environnement et de biodiversité, mais aussi de pauvreté et de solidarité, le directeur général de France Télévisions, Patrice Duhamel, m'a demandé d'y renoncer, de me concentrer sur la belle image et l'environnement. Chaque émission devait rester à sa place, dans un créneau bien défini, avec son identité… Il a conclu : « Fais l'écologie et laisse la pauvreté à "Envoyé spécial". » Je n'avais plus envie, cela marchait moins bien – nous avons arrêté.

« Vu du ciel » m'avait donné le virus de l'image animée. Grâce à l'émission, et grâce à Jean-Louis Remilleux et à Laurent Menec qui dirigeait l'équipe, j'ai pu passer au cinéma, et j'ai réalisé le film *Home*.

Home

Home a été une histoire extraordinaire. Trois années incroyablement importantes dans ma vie. L'idée m'est venue de faire un film quand j'ai invité Al Gore en France en octobre 2006 afin qu'il projette son film, *Une vérité qui dérange*, devant les parlementaires. Je me suis rendu compte qu'un film n'avait pas le même impact sur grand écran que sur une télévision.

Lors de l'exposition *La Terre vue du ciel*, un film de cinéma avait été réalisé par Renaud Delourme à partir de mes photos. Il les avait découvertes en passant à vélo devant l'exposition et il avait imaginé une sorte de parcours dans les images. Mais le résultat ne me ressemblait pas. En revanche, j'avais adoré la musique qu'Armand Amar avait composée pour lui. Nous sommes devenus des amis fusionnels, presque inséparables. Depuis, je ne peux pas imaginer une autre musique pour mes films. Armand avait composé la bande originale de nombreux films de Costa-Gavras, de Rachid Bouchareb et de beaucoup d'autres, et il connaissait parfaitement le monde du cinéma. Il me présenta un producteur, Denis Carot, qui me présenta à son tour Luc Besson. En cinq minutes, ce dernier me donna son accord. Je ne l'ai pas beaucoup vu sur le tournage. Il pensait qu'on s'engueulerait. Il n'est venu qu'une fois ou deux au montage, mais à chaque fois, ses remarques étaient justes. On évalua le budget à environ huit millions d'euros, ce qui était énorme pour un documentaire, on se serra la main et Denis et moi repartîmes, fous de joie.

Mais j'avais envie de faire un film *différent*. Je suis donc retourné voir Luc Besson pour lui proposer de rendre le visionnage du film gratuit, comme l'avait été mon exposition : en le faisant sortir sur YouTube, mais aussi en le diffusant le même jour sur deux cents chaînes de télévision dans le monde. C'était l'opposé du cinéma, qui finance les films grâce à une savante chronologie de médias, destinée à optimiser les revenus : le film sort d'abord en salles, puis en DVD et enfin à la télévision.

Luc a accepté l'idée assez facilement et, surtout, il m'a présenté François-Henri Pinault, le patron du groupe PPR, désormais Kering. Mieux encore, il a réussi à le convaincre de financer le film. Je n'en reviens toujours pas.

J'étais lancé. Et grâce à l'argent de mon mécène, j'avais une liberté totale de création. Je ne dépendais de personne, je n'avais plus à m'inquiéter des entrées, ni du producteur ni de rien. J'allais pouvoir faire le film que je voulais.

Bien sûr, ce fut un peu plus compliqué que prévu. Habituellement, un film commence par un scénario, on découpe les scènes, on fait un plan de tournage, et ce n'est qu'ensuite qu'on tourne, puis qu'on monte les images.

Je suis parti dans l'autre sens.

Je voulais tourner, tourner, tourner et encore tourner, un peu comme je l'avais fait pour *La Terre vue du ciel*. Je voulais accumuler des rushes comme j'accumulais des images. Je savais que le film et la narration n'émergeraient qu'après, progressivement. On a donc tourné un millier d'heures, dont la plupart n'ont pas été utilisées pour le montage – je les reprends aujourd'hui. Je comprends bien que cette manière de faire, pas très rationnelle d'un point de vue économique, exaspérait mon producteur. Mais je ne sais pas faire autrement, et je ne pense pas qu'on puisse faire autrement pour des films comme le mien. J'ai aussi appris à mieux travailler en équipe : avec Yen Le Van au montage, Denis, le producteur qui était avec nous en permanence, Dorothée Martin, mon assistante... Mais aussi Armand Amar qui a apporté une émotion unique avec sa musique magique, sans oublier Isabelle Delannoy, qui a écrit le texte qui porte véritablement le film. Et d'ailleurs, c'est le moment de la remercier chaleureusement de la semaine de vacances qu'elle m'a accordée pour relire des passages de ce livre et ajouter des anecdotes que j'avais oubliées. La photographie est un sport très individuel, mais le cinéma, cela ne marche qu'avec une équipe...

Diffusion de Home

Home est un film sur le lien qui unit l'homme à la Terre et la pression que nous faisons porter sur l'environnement. Sa diffusion a eu lieu à une date symbolique : la Journée mondiale de la Terre, le 6 juin 2009. Nous avons organisé une diffusion mondiale, sur Internet avec YouTube, en salle et dans de nombreux espaces publics en plein air – dont le Champ-de-Mars à Paris, où nous avons réuni plus de cinquante mille personnes pour la projection –, ainsi que sur de nombreuses chaînes de télévision.

En quelques heures, le film a été vu par plusieurs dizaines de millions de personnes. Aujourd'hui, il a probablement été vu par plus de six cents millions de spectateurs, dont peut-être trois cents millions en une seule fois, lors de sa projection en prime time sur la principale chaîne de télévision chinoise…

En France, le 6 juin était la veille des élections européennes. Or cette élection a connu le plus haut score écologiste français dans une élection nationale : 16,28 %, auxquels il faut ajouter 3,6 % pour l'Alliance écologiste indépendante. Du jamais-vu en France ! L'extrême droite s'en est émue et m'a accusé d'avoir faussé les scores. Nous n'y étions pour rien – nous avions prévu la sortie depuis bien longtemps et la Journée de la Terre est fixée par les Nations unies. Il n'en reste pas moins que neuf millions de personnes avaient regardé mon film à la télé juste avant d'aller déposer un bulletin dans une urne, et cela a certainement pesé. Je ne fais pas de politique – j'en suis bien incapable. Mais influencer l'opinion, sensibiliser… c'était pour cela que j'avais fait le film. En fait, j'étais ravi !

Le film était gratuit. Et toutes les associations qui le souhaitent peuvent l'utiliser et en organiser des projections – pourvu qu'elles soient gratuites, elles aussi. Un fantastique mouvement citoyen s'est ainsi créé, qui a diffusé mon film dans les endroits les plus insolites : des plages mexicaines, des salles de réception dans les ambassades, des festivals underground… Des associations chinoises se sont emparées du film et l'ont projeté dans tout le pays, devant plusieurs centaines de milliers de personnes ! Tout est tellement gigantesque en Chine !

Après chaque projection, ou presque, revenait dans les débats cette lancinante question : Que faire ? Les gens attendaient de moi des réponses, mais je n'ai pas envie d'essayer d'en donner. Car il y a autant de solutions que de personnes. À chacun de trouver la sienne : sourire à des inconnus, parler à sa voisine âgée ou lui porter ses courses, acheter bio et responsable, soutenir financièrement telle ou telle cause, s'engager pour une association…

Dix ans plus tard

Au moment de *Home*, j'étais relativement optimiste. Mais plus de dix ans plus tard, les changements espérés ne sont pas au rendez-vous.

Les considérations écologistes se sont répandues dans l'opinion. Elles ne sont plus uniquement la préoccupation d'un petit groupe de militants mais concernent désormais des pans entiers de la société. Pourtant, le monde continue sa route vers le réchauffement climatique ou l'épuisement des ressources, bref, vers la catastrophe.

Les rapports des scientifiques sont unanimes. Ils nous apprennent que la planète va se réchauffer de deux, trois ou peut-être même quatre degrés. Mais aussi que 80 % des insectes volants ont d'ores et déjà disparu. Ou encore que la pollution de l'air tue chaque année huit millions de personnes, soit plus que les guerres, tous les attentats, tous les crimes et tous les accidents réunis.

Aujourd'hui, il suffit d'allumer sa télévision ou de consulter Internet pour en savoir autant que l'on souhaite sur ces sujets. Ce n'est plus l'information qui est un enjeu, mais l'enthousiasme ou l'envie.

Face à la situation, nous devrions tous nous révolter. Et pourtant. Hormis quelques moments inspirants, quelques manifestations internationales de solidarité ou de conscience, nous sommes trop peu nombreux et trop peu puissants. Pourquoi ? Comment transformer le monde ? Comment affronter des forces qui semblent nous dépasser, des enjeux titanesques, des logiques économiques cruelles qui paraissent inamovibles ? Pourquoi n'agissons-nous pas, ou pas davantage ?

Dans ma vie de cinéaste et de photographe activiste, les chiffres ont toujours été au centre de mes réflexions. C'est pour cela qu'ils sont au centre de ce livre.

La sixième extinction

- La Terre a expérimenté 5 extinctions de masse de la vie sur Terre.
  Toutes – excepté celle des dinosaures – furent causées par des dérèglements climatiques brutaux d'origine naturelle.

  Source : *Plateforme intergouvernementale scientifique et politique sur la biodiversité et les services écosystémiques IPBES*

- Il y a 252 millions d'années 96 % de la vie sous-marine et 70 % de la vie terrestre s'éteignirent. Durant l'ère géologique du Permien, de puissantes éruptions volcaniques sibériennes firent s'échapper dans l'atmosphère des tonnes de gaz à effet de serre, provoquant un réchauffement brutal du climat et une acidification des océans.

  Source : *Encyclopædia Universalis*

- Actuellement, l'Homme relâche des gaz à effet de serre à un rythme 10 fois supérieur aux volcans du Permien.

  Source : Suarez C., Edmonds M., Jones A., *Deep Carbon Observatory, Catastrophic Perturbations to Earth's Carbon Cycle, Special issue*, Elements, 2019

- Le taux de CO_2 dans l'atmosphère est le même aujourd'hui qu'il y a 3 millions d'années. à cette époque, les températures étaient alors 3 à 4 °C plus élevées par rapport à aujourd'hui, des arbres poussaient en Antarctique et le niveau de la mer était de 20 mètres plus élevé.

  Source : *Étude du Potsdam Institute for Climate Impact Research (PIK), Allemagne*

- En 200 ans, la température moyenne de la terre a augmenté de 1 °C et de 3 °C en moyenne aux pôles. La Terre a connu, tout au long de son histoire, des variations de température de quelques degrés. Ces changements s'opérant sur des millions d'années, la vie a eu progressivement le temps de s'adapter aux nouvelles conditions climatiques.

  Source : *GIEC*

- Aujourd'hui, le réchauffement climatique est d'une rapidité inédite.
  Nous sommes au crépuscule de la sixième extinction de masse de la vie sur Terre. La première extinction d'origine non naturelle, causée par les activités humaines.

Le nombre de catastrophes liées au climat a triplé en 30 ans.
En 2020 des incendies gigantesques impossibles à contrôler ont ravagé l'Australie, la Sibérie et surtout la Californie où près de 300 000 personnes ont dû être déplacées.
Le nombre d'inondations dans le monde a doublé en 20 ans.
Les canicules sont de plus en plus fréquentes et intenses. En 2003, 70 000 personnes sont mortes de l'épisode de chaleur qui a touché l'Europe.

Source : *Oxfam, UNSDIR ONU, Institut national de la santé et de la recherche médicale Inserm*

- En 50 ans, nous avons perdu près de 70 % des mammifères, des poissons, des oiseaux, des amphibiens et des reptiles.

Source : *WWF, Grooten, M. and Almond, R.E.A (dir.)*, Rapport Planète Vivante® 2018 : Soyons ambitieux. *WWF, Gland, Suisse, 2018*

- Les populations de la plupart des écosystèmes terrestres ont chuté d'au moins 20 % en un peu plus de 100 ans.

Source : *IPBES, « Le dangereux déclin de la nature : Un taux d'extinction des espèces "sans précédent" et qui s'accélère », 2019, accessible sur : https://ipbes.net/news/Media-Release-Global-Assessment-Fr*

- 3/4 du milieu terrestre et 2/3 du milieu marin sont « sévèrement altérés » par les activités humaines.

  Source : *IPBES, « Le dangereux déclin de la nature : Un taux d'extinction des espèces "sans précédent" et qui s'accélère », 2019, accessible sur : https://ipbes.net/news/* Media-Release-Global-Assessment-Fr

- Presque 250 000 km^2 d'écosystèmes côtiers dans le monde sont des « zones mortes ». En cause : les engrais et l'occupation humaine.

  Source : *IPBES, « Le dangereux déclin de la nature : Un taux d'extinction des espèces "sans précédent" et qui s'accélère », 2019, accessible sur : https://ipbes.net/news/ Media-Release-Global-Assessment-Fr*

- Depuis 1994, la fonte des glaces a augmen té de 57 %, passant ainsi de 800 milliards à 1 200 milliards de tonnes par an. Sur la même période, 28 000 milliards de tonnes de glace ont disparu de la surface de la Terre.

  Source : *Slater T., Lawrence I. R., Otosaka I. N., Shepherd A., Gourmelen N., Jakob L., Tepes P., Gilbert L., Review Article : « Earth's ice imbalance »,* The Cryosphere Discuss, *2020*

- En 30 ans, l'Arctique a perdu 50 % de sa surface.

  Sources : *National Snow and Ice Data Center*

- Les glaciers du monde perdent chaque année 335 milliards de tonnes de glace, soit 3 fois la masse des glaciers alpins. Pourtant, 20 % de la population mondiale dépend de ces glaces pour boire.

Source : *Zemp* M., *Huss* M., *Thibert E.* et al., « *Global glacier mass changes and their contributions to sea-level rise from 1961 to 2016* », Nature, *568, 382-386, 2019*

- Si toute la glace du Groenland fondait, le niveau des océans augmenterait de 6 mètres.

Source : GIEC, *2019 : Résumé à l'intention des décideurs*, Rapport spécial du GIEC sur l'océan et la cryosphère dans le contexte du changement climatique *[sous la direction de H.-O. Pörtner, D.C. Roberts, V. Masson-Delmotte, P. Zhai, M. Tignor, E. Poloczanska, K. Mintenbeck, M. Nicolai, A. Okem, J. Petzold, B. Rama et N. M. Weyer], sous presse*.

- Si l'Antarctique – qui concentre 90 % des glaces terrestres – fondait, les scientifiques parlent cette fois d'une augmentation de 60 mètres.

Source : *Revue PNAS de l'Académie des sciences des États-Unis*.

- Du Canada à la Sibérie, le permafrost pourrait fondre de près de 25 % d'ici à 2100. Cela libérerait des quantités incalculables de méthane, un gaz 30 fois plus réchauffant que le CO^2.

Source : Rapport spécial du GIEC sur l'océan et la cryosphère dans le contexte du changement climatique, *ibid*.

- En 2019, on comptait déjà 20 millions de réfugiés climatiques. En 2050, l'ONU en prévoit 250 millions.

Une empreinte de plus en plus lourde

Par son nombre

- En 200 000 ans, l'espèce humaine a atteint son premier milliard. En l'espace de 200 ans, nous nous sommes multipliés par 7.

  Source : *American Museum of Natural History*

- Une croissance de 2 % par an représente un doublement tous les 37 ans, une multiplication par 7 tous les siècles et une multiplication par… 390 000 000 (390 millions) tous les millénaires.

  En 2050, la Terre devrait abriter près de 10 milliards d'habitants.

  Source : *ONU*, Perspectives de la population mondiale 2019 : Principaux résultats, *2019*

- En 2018, le nombre de personnes âgées de plus de 65 ans a dépassé celui des enfants de moins de 5 ans. En 2050, les plus de 65 ans seront plus nombreux que les 15-24 ans.

  Source : *Ibid.*

- En 2015, plus de 50 % de la population mondiale vivait à moins de 150 km des côtes, soit 3,8 milliards de personnes.

  Source : *Insee*, *SOeS*, Démographie et économie du littoral, *Observatoire du littoral*, *2009*

- 70 % des oiseaux sur Terre sont des volailles d'élevage. Aujourd'hui, si l'on combine la masse totale de tous les mammifères, 96 % sont les humains et leur bétail, et seulement 4 % sont des animaux sauvages.

  Source : *Revue PNAS de l'Académie des sciences des États-Unis*, *2018*

Par son alimentation

- Grâce à la mécanisation et au pétrole, la productivité céréalière d'un agriculteur est 500 fois supérieure aujourd'hui qu'avant la révolution industrielle.

  Source : *FAO*. *2019*. La situation mondiale de l'alimentation et de l'agriculture 2019. Aller plus loin dans la réduction des pertes et gaspillages de denrées alimentaires. *Rome*. *Licence:* CC *BY-NC-SA 3.0 IGO*.

- Nos pratiques agricoles entraînent l'érosion annuelle de 25 à 40 milliards de tonnes de terre arable. En moyenne, à l'échelle mondiale, produire 1 tonne de nourriture « consomme » plus de 3 à 5 tonnes de terre arable.

  Source : *Ibid*.

- L'agriculture accapare 70 % des réserves d'eau douce mondiales.

  Source : *Ibid.*

- La production agricole mondiale devrait augmenter de 50 % d'ici à 2050 pour nourrir plus de 9 milliards d'habitants.

  Source : *Ibid.*

- Tous les ans, nous répandons dans les champs près de 5 millions de tonnes de pesticides pour tuer les insectes, les champignons et les mauvaises herbes.

  Source : *Ibid.*

- La consommation annuelle mondiale de pesticides est ainsi passée, entre 1945 et 2007, de 0,05 à 2,5 millions de tonnes. Dans la même période, la toxicité des produits utilisés a elle-même été multipliée par un facteur 10 (soit un besoin d'une quantité dix fois moindre pour obtenir le même effet).

  Source : Pesticides : vers le risque zéro, *Rapport d'information de Mme Nicole Bonnefoy, fait au nom de la Mission commune d'information sur les pesticides, 2012*

- La demande alimentaire mondiale serait responsable de 22 à 37 % des émissions de gaz à effet de serre de la planète.

  Source : *Institute for Climate Economics, 2019*

- Aujourd'hui, 75 % des insectes ont disparu, même dans les aires protégées en Europe.

  Source : *Revue de la Public Library of Science, PLOS One*

- Aujourd'hui, la moitié du monde habitable est utilisée pour l'agriculture et un tiers de ces terres n'est pas utilisé pour nous nourrir, mais pour nourrir notre bétail.

  Source : FAO, *Ibid.*

- Pourtant, si un hectare cultivé peut nourrir deux carnivores, il permet l'alimentation de 50 végétariens.

  Source : *Marc Dufumier*, 50 idées reçues sur l'agriculture et l'alimentation, *Éditions Allary, 2014*

- En 40 ans, la consommation de viande dans le monde a triplé.

  Source : *World Watch Institute, 2011*

- L'élevage intensif est la première cause de déforestation et serait responsable de 51 % des émissions globales de gaz à effet de serre. Il s'agit essentiellement d'émissions de CO_2 liées à la déforestation et de CH_4, du méthane, lié à la digestion des ruminants.

  Source : *World Watch Institute*, Comment nourrir 7 milliards d'hommes, *Paris, La Martinière, 2011*

- On pêche entre 1 000 et 2 500 milliards de poissons chaque année. À cause des prises accidentelles, nous tuons des dizaines, voire des centaines de millions de requins chaque année et près de 90 % des prédateurs marins ont disparu.

Source : *Marine Policy*

- D'ici à 2050, il y aura plus de plastique que de poissons dans l'océan.

  Source : *Forum économique mondial* ; *Fondation Ellen McArthur*

- Environ 20 % de la nourriture sont jetés à la poubelle dans le monde, les premiers responsables sont les ménages.

  Source : *Rapport 2021 du PNUE sur l'indice du gaspillage alimentaire*.

Par son utilisation démesurée des ressources

- La production de pétrole dépasse maintenant les 15 milliards de litres par jour, celle de charbon 22 milliards de kg et celle de gaz 11 milliards de m^3. Or, un litre de pétrole correspond à l'équivalent énergétique du travail d'au moins 20 personnes pendant toute une journée. Ce qui représente l'énergie produite par la force physique de 300 milliards de personnes chaque jour.

  Source : *BP*

- La production et la consommation d'énergie fossile pour toutes les activités humaines – se déplacer, se chauffer, se nourrir, s'éclairer, fabriquer, se divertir – sont responsables des trois quarts des émissions globales de gaz à effets de serre.

  Source : *GIEC*

- En 25 ans, le tonnage extrait de fer, d'aluminium, de nickel a triplé ou presque ; celui de cuivre, de zinc, de plomb plus que doublé ; les métaux des nouvelles technologies, cobalt, tantale et autres, ont connu des croissances encore plus rapides. À ce rythme, on va extraire dans les 25 à 30 prochaines années plus de métaux que pendant toute l'histoire de l'humanité.

  Source : *Philippe Bihouix, « Contre l'ouverture de mines de terres rares en France »*, Socialter, *2018*

- Les énergies renouvelables représentent aujourd'hui 11 % du mix énergétique mondial, répartis entre l'hydroélectrique (6,5 %) et l'éolien et le solaire (4,5 %). Néanmoins, les énergies fossiles – le pétrole, le charbon et le gaz – en constituent toujours 85 %. Les 4 % restants sont issus du nucléaire.

  Source : *BP*

- Pour plus de 30 métaux, sur les 60 utilisés par notre système industriel et incorporés dans nos constructions et nos objets, le taux de recyclage est de moins de 1 % à l'échelle mondiale. L'économie circulaire est encore loin.

Source : *Philippe Bihouix*

- La masse totale des constructions humaines vient de dépasser la biomasse totale vivante (sèche), avec plus de 1 100 milliards de tonnes, dont la moitié de béton, le tiers de granulats, et le reste de briques, asphaltes, métaux, papiers, verres, plastiques…

  Source : *Elhacham, E.* et al., *« Global human-made mass exceeds all living biomass »*, Nature, *2020*

- En 50 ans, on a plus que triplé, en passant de moins de 30 à plus de 90 milliards de tonnes, la quantité de ressources extraites de la nature (biomasse, énergies fossiles, minerais métalliques, ressources minérales).

  Source : *Global resources outlook, UNEP, 2019*

Par son mode de vie

- 70 % des émissions de CO2 sont émises par à peine plus de 10 % de la population mondiale. Par exemple, on sait qu'une personne au Bangladesh émet 30 fois moins de CO^2 qu'un Américain.

  Source : *Tim Gore*, Confronting Carbon Inequality, *Oxfam, 2020, accessible sur : https://oxfamilibrary.openrepository.com/bitstream/handle/10546/621052/mb-confronting-carbon-inequality-210920-en.pdf*

- En juin 2021, d'après un rapport interne du GIEC, les conséquences du réchauffement climatique sont encore plus dramatiques que prévu. Il estime désormais que dépasser les 1,5 °C de hausse des températures par rapport à l'ère préindustrielle pourrait entraîner, « progressivement, des conséquences graves, pendant des siècles, et parfois irréversibles ». Ces analyses rendent caduc l'Accord de Paris de 2015 où les pays du monde s'étaient engagés à limiter le réchauffement à 2 °C. En 2018, ils prévoyaient que le réchauffement planétaire atteindrait les 1,5 °C entre 2030 et 2052. Aujourd'hui, en 2021, les scientifiques rappellent que le seuil de 1,5 °C est presque atteint. Depuis le milieu du XIXe siècle, les températures moyennes ont augmenté de 1,1 °C. Selon l'Organisation météorologique mondiale, rattachée à l'ONU, la probabilité que le seuil de 1,5 °C soit dépassé dès 2025 est de 40 %.

  Source : *Projet du rapport du Groupe d'experts intergouvernemental sur l'évolution du climat* (GIEC), *organisme intergouvernemental des membres de l'ONU, juin 2021.*

- Pour construire nos villes et nos routes, l'humanité extrait 50 milliards de tonnes de sable et de gravier par an. Les émissions du ciment, combiné à ces deux éléments pour produire du béton, représente 7 % des émissions globales de gaz à effet de serre.

  Source : *UNEP*, Sand and sustainability : Finding new solutions for environmental governance of global sand resources, *GRID-Geneva, United Nations Environment Program, Geneva, Switzerland, 2019.*

M. B. Ali; R. Saidur; M. S. Hossain, « A Review on emission analysis on cement industries », Renewable and Sustainable Energy Reviews, *Vol. 15, n° 5, pp. 2252-2261, 2011.*

- En France, l'équivalent d'un département est artificialisé tous les 7 à 10 ans, par la construction de bâtiments, de ronds-points, de pavillons avec jardin ou plus simplement recouvert d'asphalte pour construire des routes ou des parkings.

  Source : *Référé de la Cour des comptes, «Les leviers de la politique foncière agricole», Réf. : S2020-1368, Cour des comptes, 2020.*

- 8,3 milliards de tonnes de plastiques ont été fabriquées depuis l'invention de cette matière à base de pétrole. Seuls 9 % de la production totale a été recyclé.

  Source : *Geyer R., Jambeck J. R., Lavender Law K., « Production, use and fate of all plastics ever made »,* Science Advances, *2017*

- Nous balançons à la mer plus de 8 millions de tonnes de plastique tous les ans, l'équivalent d'un camion poubelle déversé dans la mer à chaque minute qui passe.

  Source : *« Pollution marine », WWF Suisse, accessible sur : https://www.wwf.ch/fr/nos-objectifs/pollution-marine*

- L'humanité génère plus de 4 milliards de tonnes de déchets par an – 2 milliards de tonnes de déchets municipaux, plus de 2 milliards de tonnes de déchets industriels, dont un quart (500 millions de tonnes) classés dangereux – auxquels il faut ajouter au moins 7 milliards de tonnes de résidus miniers.

Source : *Silpa Kaza, Lisa Yao, Perinaz Bhada-Tat, Franck Van Woerden, « What a waste 2.0 :* A *Global Snapshot of Solid Waste Management to 2050 »*, Urban developement series, *World Bank Group, 2018*

- La quantité de déchets électriques et électroniques a atteint 53,6 millions de tonnes en 2019 ; une augmentation de 21 % en cinq ans.

  Source : *« Internet waste », International telecommunications Union and the WEE Forum, Geneva, 2020. Licence :* CC BY-NC-SA *3. IGO.*

- 17 % des déchets électroniques seulement sont recyclés dans le monde, le meilleur taux de collecte et de recyclage est en Europe (42,5 %).

  Source : *Vanessa Forti, « Le volume de déchets électroniques explose et leur taux de recyclage reste ridicule »*, The Conversation, *2020*

- 70 % des déchets électriques et électroniques dans le monde font l'objet d'un trafic et sont exportés illégalement vers l'Afrique, l'Inde, le Pakistan et la Thaïlande.

  Source : *Ruceveska I., Nellemann C., Isarin N., et al., Waste Crime - Waste Risks : Gaps in Meeting the Global*

Waste Challenge, UNEP and GRID-Arendal, Nairobi and Arendal, 2015

- Avec plus de 100 000 vols quotidiens par jour dans le monde, 60 000 bateaux de commerce internationaux flottant à tout instant de l'année – dont 5 000 porte-conteneurs, majoritairement des pétroliers, minéraliers et de l'off-shore – et 1,28 milliard de véhicules sur les routes, les transports sont responsables de 24 % des émissions globales de CO_2 de combustion. La route représente environ 75 % de cette part d'émissions, les avions 12 % et les bateaux 11 %.

  Source : *IEA*, Transport sector CO_2 emissions by mode in the Sustainable Development Scenario, 2000-2030, *IEA*, *Paris https://www.iea.org/data-and-statistics/charts/transport-sector-co2-emissions-by-mode-in-the-sustainable-development-scenario-2000-2030*

- Les banques prêtent avec intérêt plus de 650 milliards de dollars chaque année aux entreprises qui explorent de nouvelles réserves de combustibles fossiles.

  Source : *Rapport Banking on Climate Change 2020*

- Après 800 mesures analysées dans 50 pays, l'étude de l'AIE montre que les États ont débloqué des sommes sans précédent (2 300 milliards) pour affronter la pandémie liée à la Covid-19, mais à peine 2 % (380 milliards) sont allés à ce jour en faveur des énergies propres. Source première du réchauffement climatique, les émissions mondiales de

CO_2 devraient atteindre un niveau jamais vu d'ici à 2023.

Source : *Rapport de l'Agence internationale de l'Énergie (AIE) de juillet 2021*

- Le numérique serait à l'origine de 3,7 % des émissions totales de CO_2. La consommation Internet de nos smartphones en 4G consomme 23 fois plus qu'une connexion Wifi.

  Source : *Rapport GreenIT ; Greenpeace*

- Les données stockées dans le cloud représentent environ 15 000 milliards de giga-octets, soit plusieurs milliers de giga-octets par internaute. Ce chiffre a quadruplé en moins de cinq ans.

  Source : *David Reinsel, John Grantz, John Rydning, « Data age 2025, the digitalization of the world »*, IDC, *2018*

- Un smartphone pesant 200 g nécessite 200 kg de matières premières pour sa fabrication.

  Source : *FNE, ADEME, Les Impacts du smartphone, Librairie Ademe, coll. « Clés pour Agir », 2019*

- En moyenne, un foyer français compte 100 objets électriques ou électroniques, 72 pour un foyer européen.

  Source : *Deprouw A., Jover M., Borie M., Fangeat E., Deloitte Développement durable*, ADEME, Rapport annuel du registre des déchets d'équipements électriques et électroniques, *Librairie Ademe, 2018*

- Le monde comptait environ 30 milliards d'objets connectés en 2020.

  Source : *Binaire, « Comment évaluer le niveau de sécurisé de vos objets connectés ? »*, LeMonde.fr, *26/06/2020*

- En septembre 2019, deux éminents professeurs d'économie, l'un à l'université de Warwick, Andrew Oswald, l'autre à la London School of Economics, Nicholas Stern, faisaient un constat ahurissant : sur les 77 000 articles publiés par les revues académiques les plus réputées en économie, seuls 57 concernaient le thème du changement climatique, soit une proportion de 0,074 %.

  Source : *Stéphane Lauer, « La lutte contre le réchauffement climatique est au centre de tout, sauf pour les économistes »*, Le Monde, *26 avril 2021*

8

Changement climatique

Pour les dirigeants d'abord, le premier devoir, c'est la franchise. Informer le pays, le renseigner, ne pas ruser, ne pas dissimuler ni la vérité ni les difficultés ; ne pas éluder ou ajourner les problèmes, car dans ce cas, ils s'aggravent ; les prendre de face et les exposer loyalement au pays, pour que le pays comprenne l'action du gouvernement.

Pierre Mendès France

Le défi majeur

L'exemple principal de notre inaction réside dans notre attitude face au changement climatique. Je dois reconnaître que j'ai découvert le sujet sur le tard : l'idée n'est même pas mentionnée dans la première édition de *La Terre vue du ciel* (elle tiendra une place importante dans toutes les autres éditions). C'est un jeune militant allemand qui m'a interpellé sur ce sujet lors de l'exposition rue de Médicis à Paris. Je m'en souviens encore, car j'ai découvert grâce à lui un sujet dont j'ignorais complètement l'existence.

Les années qui suivirent ont tout changé. Grâce aux scientifiques du monde entier, réunis dans le GIEC (le Groupe d'experts intergouvernemental sur l'évolution du climat, qui a reçu le prix Nobel de la paix), le changement climatique apparaît désormais comme ce qu'il est : le défi majeur de notre temps.

Dès que j'ai compris l'importance du changement climatique, j'ai essayé de lire tout ce que je trouvais sur le sujet – je voulais comprendre. Et dans cette quête, le film d'Al Gore, *Une vérité qui dérange*, sorti en 2006, a joué un rôle essentiel.

J'ai vu le film trois fois de suite. On comprenait tout et en deux heures de temps, il était plus convaincant que je ne l'avais été avec mes photos. Al Gore et son réalisateur Davis Guggenheim réussissaient à transformer une présentation Powerpoint en un moment de cinéma – on riait, on était ému, on se passionnait. C'était à l'évidence un film très important.

L'engagement de celui qui avait été vice-président des États-Unis m'a semblé exemplaire. On sentait qu'il se jetait de tout son poids dans ce combat (et il a un physique assez imposant – un bon mètre quatre-vingt-cinq et probablement presque cent kilos) avec une sincérité qui ne s'est jamais démentie depuis.

J'ai cru qu'Al Gore réussirait à convaincre le monde entier. Et je me suis dit que les députés français devaient absolument voir ce film. Naïvement, j'imaginais qu'ils sortiraient de la projection avec une envie claire et pressante d'agir. Grâce à Jean-Louis Debré, alors président de l'Assemblée nationale, j'ai réussi à organiser cette projection. Et j'ai invité Al Gore à présenter son film devant les députés. Au début, il s'est probablement demandé qui était ce photographe français au nom imprononçable. Mais peu à peu s'est installé ce qui ressemble à une forme d'amitié.

Près d'une dizaine de députés assistèrent à la projection. C'était un premier pas, mais je ne pouvais m'empêcher d'être déçu. Jean-Louis Debré avait officiellement invité tous les parlementaires, l'ancien vice-président des États-Unis traversait l'Atlantique pour leur présenter son film, je leur avais envoyé un mail à chacun… Qu'est-ce que les centaines d'absents avaient de mieux à faire ? N'avaient-ils pas deux heures à consacrer à l'avenir de la planète ?

Même ceux qui étaient présents n'ont pas été transformés comme je l'imaginais. Certains continuaient d'ailleurs à pianoter sur leur téléphone pendant la projection… Ce jour-là, les politiques m'ont déçu. Et le cinéma aussi, peut-être : même un grand film ne peut pas tout !

Il n'en reste pas moins qu'*Une vérité qui dérange* m'a donné envie de faire des films militants, des films qui changeraient le monde. Et de faire vivre ces films sur un grand écran – car les émotions aussi sont plus grandes devant un grand écran.

Copenhague

Les années qui ont suivi ont représenté un moment très important pour le mouvement écologiste et pour GoodPlanet, qui n'était encore qu'une petite association. Le climat est devenu notre préoccupation principale, tandis qu'une bataille opposait les écologistes du monde entier à des groupes très organisés – on les appelait les « sceptiques » – qui cherchaient à minimiser le problème ou l'importance de l'implication humaine. Aux États-Unis, ils étaient largement subventionnés par l'industrie pétrolière et obtenaient l'attention d'une grande partie des politiques. En France, des gens comme Claude

Allègre, ancien ministre de la Recherche, étaient moins influents, mais tout de même beaucoup trop écoutés au vu de la faiblesse et parfois de la malhonnêteté de leurs arguments… Tous ont semé le doute dans les esprits. Aujourd'hui, leur influence a heureusement presque disparu, mais ils n'en ont pas moins fait perdre dix ans au combat contre le changement climatique – dix années précieuses, qui nous manqueront probablement un jour.

Fin 2009, quand a eu lieu la Conférence internationale sur le climat de Copenhague, la fondation était sur le qui-vive, mobilisée à 100 % sur le sujet. L'équipe m'avait convaincu que nous devions tous nous y rendre en bus, pour émettre moins de CO_2. Nous voulions participer à cet événement historique qui allait – nous l'espérions – changer la face du monde. Ainsi, nous avons organisé un festival de cinéma écologiste au sein de la Cinémathèque nationale du Danemark pour prêcher la bonne parole. Entre deux films, nous animions des débats avec Al Gore, Wangari Maathai (prix Nobel de la paix), Pavan Sukhdev (l'actuel président de WWF Monde), Achim Steiner (à l'époque directeur général du Programme des Nations unies pour l'environnement), etc. Nous avons également fait imprimer un livre qui vulgarisait les résultats du rapport précédent du GIEC et l'avons distribué à tous les délégués de la conférence – nous espérions ainsi aider à les convaincre.

Toute l'équipe travaillait d'arrache-pied, parfois dans une relative désorganisation, mais avec la conviction de participer à un moment historique. Nous avions loué un grand appartement et organisé une sorte de colonie de vacances, nous mangions des pâtes et prenions le petit déjeuner ensemble. Les journées commençaient tôt et finissaient tard – parfois dans les bars. J'en garde un souvenir un peu décalé parce que, une nuit, vers trois heures du matin, je me suis fait réveiller brutalement par un policier braquant sa lampe torche dans mes yeux... Les forces anti-émeute étaient entrées dans l'appartement et semblaient penser qu'il s'y passait des choses illégales. Le malentendu a été dissipé rapidement, mais le lendemain, j'ai demandé aux équipes de faire un peu attention au voisinage...

« Copenhague » était la conférence qui devait donner à la planète l'accord international dont elle avait besoin. Elle s'inscrivait dans une succession de réunions annuelles placées sous l'égide des Nations unies, et plus particulièrement de sa convention internationale sur le climat. La plus connue de ces réunions s'était déroulée à Kyoto, qui avait donné naissance à l'accord du même nom. On appelait Copenhague la COP15, car c'était la quinzième de ces grandes réunions internationales. Kyoto était la COP3, Paris serait la COP21. Après des années de débats, après les efforts majeurs prodigués par des scientifiques du monde entier pour convaincre de l'urgence, avec l'action coordonnée des écologistes de toute la planète, nous étions persuadés que, cette fois, les choses allaient changer.

Barack Obama, le Premier ministre chinois Wen Jiabao, Nicolas Sarkozy, Angela Merkel, le président russe Dmitri Medvedev, le Premier ministre britannique Gordon Brown, et j'en passe : tous les grands décideurs du monde étaient venus. Même si nous ne savions pas exactement sur quoi les chefs d'État allaient réussir à s'accorder, dans le fond, nous étions persuadés qu'ils allaient parvenir à quelque chose.

Mais les dirigeants du monde n'ont signé qu'un texte creux, sans prendre aucun engagement conséquent même s'ils avaient fixé les bases de l'Accord de Paris. Chacun a trouvé une explication à cet échec : manipulation chinoise, maladresse de la diplomatie danoise, inconséquences américaines, fin du multipartisme… Quoi qu'il en soit, l'échec de cette conférence nous est tombé dessus comme un coup de massue et nous sommes rentrés avec une sacrée gueule de bois. Ce n'était encore qu'un début ; nous n'avions pas complètement mesuré l'ampleur de la catastrophe. Rétrospectivement, je me rends compte que c'est en rentrant de Copenhague que j'ai commencé à comprendre qu'on n'y arriverait pas. En tout cas, pas comme cela.

L'année d'après, je suis reparti, cette fois-ci à Cancún, au Mexique, pour la COP16. Ce fut encore pire. Cancún est une station balnéaire, une immense plage de sable défigurée par des hôtels et des bars qui se ressemblent et se suivent, dans lesquels des étudiants américains viennent se saouler jusqu'à ne plus savoir comment ils s'appellent en espérant obtenir un peu de sexe gratuit – le principe du *Spring Break*.

C'est un horrible bloc de béton posé au milieu d'un pays en guerre civile contre les cartels de la drogue : en chemin vers la conférence, nous croisions tous les matins des automitrailleuses sur l'autoroute. À l'intérieur des espaces de conférence, les buffets dégoulinaient de viande industrielle, de légumes gavés de pesticides, de canettes de Coca et de plats préfabriqués. Bref, tout ce que nous voulions changer. Comment croire qu'on pourrait vraiment sauver la planète dans un endroit pareil ? À Cancún, la COP16 a accouché d'un accord complètement vide, mais dont presque tout le monde s'est félicité de peur de revivre l'échec de Copenhague.

COP17, COP18… D'année en année, les conférences se sont succédé. La pièce de théâtre était un peu mieux organisée, les communicants s'assuraient qu'on ait quand même un bout de papier à signer à la fin. Mais toutes les autres conférences n'ont été que des répétitions de Copenhague. Plus ou moins dramatiques, plus ou moins pathétiques, plus ou moins ratées.

Certes, ces conférences contribuent à la sensibilisation du public et des politiques – qui sont parfois incroyablement ignorants en la matière. Elles permettent également aux ONG de se rencontrer et de partager leurs expériences, d'apprendre sur ce qui se fait ailleurs. Mais cela ne vaut ni les milliers de tonnes de tonnes de CO_2, ni les millions de dollars, ni les journées de travail qui y sont consacrés.

Je sais bien que certains négociateurs se donnent corps et âme à leur mission, en toute sincérité. J'ai discuté avec Laurent Fabius, Ségolène Royal et toute l'équipe de l'Accord de Paris, en 2015. Ils y croyaient vraiment. Tout comme Jean-Louis Borloo et Nathalie Kosciusko-Morizet, et surtout Nicolas Hulot qui avaient fait de leur mieux en 2009. Ce n'est pas une question de couleur politique.

Mais les prétendues victoires – comme l'Accord de Paris, en 2015 – ne valent pas mieux que les défaites – comme celle de Copenhague, en 2009. Elles n'empêchent ni les émissions de CO_2 d'augmenter ni le changement climatique de s'aggraver.

Les chiffres ne laissent aucune place au doute : en 1945, le monde émettait 4,5 milliards de tonnes de CO_2 par an. En 1997, au moment de la signature de l'Accord de Kyoto, il en émettait 23,95 milliards. En 2015, à la signature de l'Accord de Paris, les émissions atteignaient 35,46 milliards ! Aucune convention ou aucun accord n'a réussi à faire diminuer les émissions mondiales d'une seule tonne ! Les deux seules années pendant lesquelles elles ont diminué depuis cinquante ans furent l'année 2008, lorsque la crise économique frappa le système, et l'année 2020, quand l'économie s'arrêta pour cause de coronavirus – des diminutions bien involontaires.

Ce n'est pas vraiment une surprise : ces textes internationaux sont extraordinairement vides. Par exemple, dans l'Accord de Paris, pas une fois ne figurent les termes « charbon », « énergie fossile » ou « gaz » – probablement une condition posée par les pays producteurs pour accorder leur signature.

Les spécialistes élaborent des modèles et tentent d'établir des prévisions. À Copenhague, l'objectif était de contenir le changement à une augmentation de 2 degrés par rapport à la température relevée au début de l'ère industrielle. On sait désormais que ce ne sera pas possible. Les scénarios pessimistes de + 3 ou + 4 degrés qui étaient proposés en 2009 se révèlent aujourd'hui des scénarios de plus en plus probables. Le pire devient envisageable.

Croissance

Bien entendu, cette discussion sur le réchauffement climatique rejoint le débat sur l'économie. Mais comment avancer lorsque l'immense majorité des économistes eux-mêmes ne s'intéressent pas au sujet ? En septembre 2019, Andrew Oswald et Nicholas Stern ont publié une étude ahurissante : sur les 77 000 articles publiés par les revues académiques les plus réputées en économie, seuls 57 concernaient le thème du changement climatique, soit une proportion de 0,074 %.

Dennis Meadows, qui, avec sa femme Donella, était l'auteur principal du célèbre rapport pour le Club de Rome *The Limits to Growth*, la première étude importante sur les dangers écologiques et sociétaux de la croissance, est tout aussi désabusé que moi. « Pendant quarante ans, j'ai essayé d'aider les gens à sortir de l'idéologie de la croissance, mais j'ai échoué. Je n'ai eu aucune influence. En 1972, l'empreinte écologique était d'environ 85 % de la biocapacité de la planète ; aujourd'hui elle atteint 150 % , a-t-il déclaré. Face à la crise écologique, nous sommes dans une situation paradoxale. Alors que les symptômes de la crise sont partout, alors que la limite est atteinte dans de nombreux domaines, nombreux sont ceux qui continuent comme si de rien n'était. C'est l'inverse de saint Thomas d'Aquin, qui disait qu'il faut voir pour croire. Avec l'écologie, il faut le croire pour le voir. »

Si désabusé qu'il soit, Dennis Meadows n'a rien perdu de sa créativité. Il utilise, par exemple, une métaphore que je trouve très juste : « À la naissance d'un enfant, ses parents se réjouissent de sa croissance physique. Ils mesurent régulièrement son poids et sa taille et se félicitent de leur augmentation. Mais passé un certain moment, ils valorisent d'autres aspects de sa personne. Ses résultats à l'école, ses talents musicaux ou sportifs… En fait, passé un certain seuil, s'il continue à grandir ou à grossir, ce serait même inquiétant et pathologique. »

C'est la même chose avec l'économie. Bien entendu, le développement économique rend accessible tout un ensemble de biens et de services. Et la croissance, en Asie ou ailleurs, a sorti de la pauvreté et de la famine des centaines de millions de gens en quelques décennies. Mais au-delà d'un certain seuil – bien difficile à définir – le « toujours plus » devient contre-productif.

C'est, d'une certaine manière, ce que les décroissants ne cessent de répéter, et avant eux les fondateurs de l'écologie de gauche, comme Ivan Illich. Pour autant, avec la crise du Covid, on voit bien tous les problèmes sociaux qu'apporte cette décroissance subie. Et il faut être honnête avec nous-mêmes : chacun d'entre nous, ou presque, cherche à en sortir et à obtenir plus.

Et puis, évidemment, il y a la question de l'énergie. Autrefois, l'activité économique était limitée, mais, dès lors que le charbon, puis le pétrole et l'électricité sont devenus disponibles, l'humanité a disposé de quantités immenses d'énergie. Verser quelques litres d'essence dans le moteur d'une voiture permet de propulser une tonne de métal et de lui faire parcourir une centaine de kilomètres en une heure. Il y a quelques siècles, il aurait fallu toute une équipe, sur plusieurs jours, pour y parvenir. On active des marteaux-piqueurs et des pelleteuses pour creuser des tranchées ou des canaux quand il fallait des centaines de personnes, sur des mois, pour faire le même travail. Les nouveaux tracteurs, moissonneuses-batteuses et autres engins agricoles permettent à des paysans de gérer seuls des terres qu'il fallait autrefois confier à des villages entiers…

En quelques générations, des changements immenses ont été réalisés. L'eau courante ou l'électricité, un luxe incroyable il y a encore un siècle, sont devenues des commodités évidentes en Occident. Une grande partie de la population a désormais la possibilité de prendre l'avion pour partir en vacances. L'espérance de vie, le niveau de vie, le degré d'alphabétisation ont progressé. En moyenne, nous vivons beaucoup mieux que la génération précédente : aujourd'hui, un citoyen moyen peut même vivre mieux qu'un roi il y a quelques siècles. Ce confort nouvellement acquis a un prix : toute notre existence dépend désormais de notre capacité à utiliser de l'énergie. Avec elle viennent le réchauffement climatique et une destruction globale de notre environnement – sans compter des inégalités croissantes.

Problème moral

Dès qu'on évoque le changement climatique, on en revient à cette question lancinante : pourquoi l'inaction ? Un chercheur américain spécialiste du climat, Gus Speth, apporte cette réponse : « J'ai longtemps pensé que les grands problèmes environnementaux étaient la perte de biodiversité, l'effondrement des écosystèmes et le changement climatique. Je pensais également qu'avec trente ans de recherche scientifique sur ces sujets, on pourrait les régler. Mais j'avais tort. Les problèmes écologiques principaux sont l'égoïsme, l'appât du gain et l'apathie. Pour y faire face, nous avons besoin d'une transformation culturelle et spirituelle. Mais nous, les scientifiques, nous ne savons pas comment faire cela. »

Mais les politiques ne changeront pas le monde, eux non plus : ils ne sont ni pires ni meilleurs que nous, et ils ne font souvent que suivre l'opinion, ou en tout cas les sondages : nous avons les hommes et les femmes politiques que nous méritons. Et ils ne sont visiblement pas capables de mener des transformations importantes.

Je préfère donc la morale à la politique. Martin Luther King, Gandhi, mère Teresa, Jane Goodall ou Nelson Mandela ont initié des transformations profondes par leur exemple, leur vision et leur vertu. Ce sont les super-héros dont il faut raconter les exploits à nos enfants. Ce sont les exemples qui doivent irriguer notre système éducatif.

L'écologie est devenue un problème moral, et il faut accepter de l'aborder comme tel.

9

Végétarien ou la banalité du mal

Un sujet en évolution

L'exemple de la consommation de viande et du végétarisme est un autre révélateur de notre manque de courage, qui concerne cette fois notre quotidien le plus ordinaire plutôt que la gestion de grands principes mondiaux.

Chacun sait la réalité des abattoirs ou peut l'imaginer facilement. Mais la plupart d'entre nous détournent le regard et refusent d'y penser vraiment. Les associations alertent régulièrement sur les pratiques épouvantables qui s'y déroulent. L214, pour ne citer qu'elle, met régulièrement en ligne des vidéos qui devraient couper l'appétit à n'importe qui. Pourtant, la plupart des gens mangent encore du jambon industriel – qui n'est pas de la viande, mais juste de l'eau, des produits chimiques et un condensé de souffrance animale.

« C'est une honte et les gens le savent. Ce n'est pas la peine de les convaincre », écrit Jonathan Safran Foer dans son livre *Faut-il manger les animaux ?*, un plaidoyer vibrant pour le végétarisme qui a contribué, comme celui de Fabrice Nicolino, *Bidoche*, dans un autre genre, à sortir des limbes du discours public la question de la viande et de la souffrance animale. Il faut dire qu'en France le sujet suscitait il y a dix ans encore des rires condescendants et semblait réservé à une Brigitte Bardot que l'on ne voulait pas prendre au sérieux. Parfois, il suscitait même une hostilité frontale. Mais, aujourd'hui, il est devenu un objet d'étude à la Sorbonne et il est même débattu par des intellectuels dans des émissions télévisées aux heures de grande audience. Alors qu'on croyait que seuls les hommes avaient une vie mentale, les derniers travaux des scientifiques montrent que même les poissons souffrent. Alors qu'il y a des siècles, on débattait pour savoir si les animaux avaient une âme, les philosophes discutent aujourd'hui de la possibilité de leur accorder des droits.

Il reste malgré tout beaucoup de chemin à faire. Nous sommes confrontés à une forme très organisée d'omerta, de loi du silence. Il est ainsi extrêmement difficile de visiter des abattoirs ou des élevages industriels. Alors que la manière dont est préparée notre nourriture – cette question essentielle qui nous concerne tous – devrait être extrêmement transparente, ce n'est pas le cas. Moi-même, pour mes photos, mes émissions ou mes films, je n'ai jamais été autorisé à filmer un élevage industriel… Il est plus facile de visiter un sous-marin nucléaire qu'un abattoir ! L'industrie maintient le secret parce qu'elle sait que, si on réalisait ce qui se passe vraiment, on mangerait moins de viande.

Il est absurde que, dans notre société, nous ne voyions plus d'où viennent les produits que nous consommons, ni comment ils sont fabriqués. Nous avons pourtant le droit de savoir ce qui se passe dans les abattoirs, comme nous avons le droit de savoir si les baskets que nous portons sont produites par des enfants, ce que le scandale Nike a révélé il y a quelques années, ou par des personnes exploitées dans des conditions scandaleuses, comme l'a dévoilé l'incendie du Rana Plaza au Bangladesh, dans lequel moururent plus de mille ouvriers qui travaillaient pour toutes les grandes marques occidentales de textile – pour ne citer que ces deux exemples.

Il faut parler de ce que l'on mange, mais pas seulement en termes gastronomiques : il faut remettre la viande au centre du débat public, de façon apaisée et rationnelle. Et je ne dis pas qu'il est facile de devenir végétarien. Moi-même, j'ai mis dix ans à comprendre, à réaliser, et à trouver l'énergie pour changer. Je peux tout à fait comprendre qu'on ait envie de manger une bonne viande – cela m'arrive encore parfois, quand je suis invité chez des amis (même si un sentiment de culpabilité m'étreint immédiatement).

Le sujet reste difficile et il est l'origine d'incompréhensions profondes, je le sais bien. Pendant des années, quand je fêtais le Nouvel An avec mes meilleurs amis, ils trouvaient des prétextes variés pour m'envoyer faire des courses de dernière minute et me faire sortir de la maison entre dix-huit et vingt heures. Cela n'avait aucun sens. Un jour, je suis revenu plus tôt que prévu et je les ai surpris en train de manger du foie gras. Sachant que je suis profondément opposé au gavage, ils devaient anticiper – avec raison – une énième discussion véhémente sur ce sujet qui nous sépare, et ils avaient trouvé ce moyen pour y échapper.

Pourtant, le foie gras est le produit d'une situation vraiment extrême. Chacun peut imaginer la violence que représentent les pompes qui enfoncent de la nourriture dans le gosier des animaux… Il ne peut pas être bon de manger de la souffrance.

Cet épisode m'a fait réfléchir. J'aime beaucoup ces amis et certains m'accompagnent dans mon combat écologiste depuis le début, ou presque. Mais ils ne comprennent pas, et cela m'interroge. Je ne suis pas meilleur qu'eux. Je ne suis pas plus intelligent qu'eux. Pourquoi est-ce que j'y pense et pas eux ? Et si je n'ai pas réussi à convaincre mes amis et les gens que j'aime, comment puis-je espérer convaincre des étrangers que je ne connais pas ? Comment puis-je espérer vous convaincre ?

Pourtant chaque geste compte pour lutter contre la banalité du mal.

Arguments écologiques

En plus d'être moral, le problème de l'élevage est écologique. En effet, le système concentrationnaire dans les élevages (y compris de poissons) produit des quantités énormes de déjections qui polluent. Aux États-Unis, par exemple, selon Foer toujours, les animaux d'élevage produisent cent trente fois plus de déchets que la population humaine du pays, soit trente-neuf tonnes de merde par seconde. Le lisier, le purin et le fumier sont responsables d'émissions de protoxyde d'azote, un gaz à effet de serre trois cents fois plus puissant que le CO_2 ; ils génèrent des nitrates qui vont contaminer les eaux et encourager la prolifération d'organismes comme les algues vertes ; ils libèrent de l'ammoniaque, responsable d'une pollution de l'air…

Par ailleurs, l'alimentation des animaux nécessite des ressources énormes. Il faut ainsi plus de sept kilos de céréales pour produire un kilo de viande. Près de la moitié de la production céréalière mondiale et plus de la moitié des terres sont consacrées à nourrir les animaux. Avec l'augmentation de la population mondiale et l'augmentation de la consommation de viande, cela fait peser une menace importante sur la sécurité alimentaire de la planète – plus encore que d'autres problèmes souvent dénoncés, comme les agrocarburants.

Le besoin de terres pour parquer et nourrir les bêtes destinées à la consommation est un moteur essentiel de la déforestation. Par ricochet, et si on y ajoute les flatulences des animaux et autres émissions associées, cela fait de l'élevage le facteur principal du réchauffement climatique : il est responsable de presque 20 % des émissions de gaz à effet de serre. Sans parler de l'utilisation d'engrais issus de l'industrie chimique et responsables de l'émission de quantités importantes de gaz à effet de serre (la situation est très différente en France pour les élevages bovins qui encouragent le pâturage et dans lesquels les animaux mangent du fourrage produit sur place).

C'est pourquoi le prix Nobel de la paix Rajendra Pachauri, qui dirigeait le Groupe d'experts intergouvernemental sur l'évolution du climat, rappelait régulièrement que le geste le plus efficace et le plus simple que chacun peut faire pour lutter contre le réchauffement climatique, c'est de diminuer sa consommation de viande.

Enfin, il y a également une dimension sanitaire dans le végétarisme : manger trop de viande favorise tout un ensemble de troubles physiologiques.

En dépit de tout cela, la moindre critique contre la consommation de viande est perçue comme une attaque contre les éleveurs. Mais quand certains paysans se plaignent de la désaffection des consommateurs pour la viande, je crois qu'ils portent une partie de la responsabilité. Plutôt que d'accuser les écologistes, ils devraient améliorer leurs pratiques. En fait, eux-mêmes devraient porter un regard critique sur les systèmes actuels de l'élevage et faire leur propre révolution, plutôt que de tenter de faire régner une forme d'omerta qui n'a plus de sens.

Ayant dit cela, je dois préciser que je sais bien qu'il y a des paysans, même à la FNSEA, qui se soucient de protéger l'environnement et d'assurer le bien-être des animaux. Mais eux aussi sont victimes de ce système.

Bien traiter les animaux, leur assurer un bien-être minimal, c'est aussi assurer une qualité supérieure aux consommateurs. Et créer un autre pacte autour de l'alimentation. Manger moins de viande mais de meilleure qualité, produite dans de meilleures conditions. En payer le vrai prix, c'est sauver les paysans, et en même temps, nous sauver nous-mêmes. L'industrie détruit la notion même d'élevage, pacte pourtant ancien et inestimable passé avec la nature.

Le courage de la vérité

Face au changement climatique comme à la condition animale, toute une variété de mécanismes psychologiques ou sociaux explique notre tendance à détourner mentalement le regard. Ces mécanismes ne sont d'ailleurs pas propres à l'environnement : les mêmes sont à l'œuvre quand, par exemple, les médecins nous alertent sur les dangers du tabac mais que l'on continue de fumer.

Le militant britannique George Marshall a décortiqué les raisons qui expliquent le « scepticisme » climatique aux États-Unis dans un livre au titre évocateur : *Le Syndrome de l'autruche*. Je préfère insister sur les moyens de résister ou de changer : ce que j'appelle, en empruntant les mots de Michel Foucault, le courage de la vérité.

Comment faire ? Le grand penseur Václav Havel a donné une solution que chacun peut emprunter : « Vivre dans la vérité », c'est-à-dire refuser de croire ce qui n'est pas crédible, refuser de faire comme si les mensonges étaient vrais. C'est une discipline psychologique contre les mensonges organisés, une hygiène mentale pour rester authentique, c'est-à-dire être vrai à soi-même.

Václav Havel se positionnait par rapport aux dictatures totalitaires de l'Europe communiste qui trouvent un écho dans la situation de la Chine contemporaine. Mais les mensonges existent également dans le monde occidental, ce sont ceux de notre société de consommation. Et parmi tous les mensonges qui nous entourent, il y a ceux qui concernent nos désirs. Que désirons-nous vraiment ?

Notre envie de consommer est encouragée de manière extrêmement cynique et calculée. Plus de cinq cents milliards de dollars sont dépensés chaque année pour financer la publicité, qui va s'infiltrer dans notre cerveau et nous faire désirer des choses dont, parfois, nous ne connaissions même pas l'existence quelques instants plus tôt. Nous achetons pour être heureux ou pour le paraître auprès des autres. Et chacun est emporté dans une course sans fin pour tenter de se démarquer de ses concitoyens, à l'aide de toujours plus de signes extérieurs d'une richesse futile.

Ces cinq cents milliards de dollars donnent une idée des forces gigantesques qui sont mobilisées pour nous faire adhérer au système. Et des efforts non moins gigantesques qu'il faudra mobiliser pour y résister.

Chacun peut trouver son chemin vers la vérité. J'ai trouvé le mien en écoutant les gens. Cela peut sembler paradoxal, mais, comme tous les photographes, je suis toujours à la recherche de l'instant qui va révéler la nature profonde d'une situation ou d'une personne. Je cherche à ouvrir une fenêtre sur leur intimité. Pour y parvenir, il n'y pas d'autre moyen que de parler et d'écouter : créer un lien, laisser parler l'instinct, laisser passer les émotions.

De cette manière, ma pratique de la photographie rejoint mon expérience de militant. Et je pense que ma familiarité naturelle – et parfois déplacée – m'aide à y voir plus clair.

Cette approche psychologique et humaine, cette recherche de l'honnêteté ou de l'authenticité m'amène vers des vérités essentielles, même si la route est parfois longue pour arriver jusqu'à elles. Ainsi du cheminement vers le végétarisme.

10

Human

Écouter les gens

Quand je prenais des photos aériennes, le gérant de la compagnie de location d'hélicoptères vérifiait que l'autorisation de ma carte bleue permettait bien de payer les heures de vol ; je parlais avec les pilotes des endroits à survoler que nous avions sélectionnés, des endroits interdits ; les hôtesses de l'hôtel standardisé dans lequel je passais la nuit s'assuraient que ma chambre était prête dans les délais, comme elles le font pour les centaines de clients qu'elles croisent dans la journée ; je mangeais rapidement dans le lobby de l'hôtel… En réalité, j'échangeais avec peu des gens qui figuraient sur mes photos « vues du ciel ».

Je l'ai réalisé au Mali, en 1997. Un problème d'hélicoptère – anodin cette fois – détermina un moment essentiel de mon travail de création. L'incident technique nous força à atterrir en pleine brousse. Bloqué dans un village pendant trois jours, j'ai été accueilli par un homme et sa famille, qui m'a parlé de lui, de ses rêves, de ses espoirs. Je ne l'ai jamais revu, il n'avait pas d'adresse. Mais j'ai passé un moment formidable et intense et j'en garde le souvenir à tout jamais.

Nous avons tout partagé ; j'ai dessiné ma maison, il a tué une chèvre pour moi, il m'a montré son trésor – une vieille malle dans laquelle il gardait un ancien Coran et quelques bijoux. Dans un français approximatif, mon hôte m'a raconté que ses enfants étaient sa richesse – car ils travailleraient la terre quand il serait fatigué ; il m'a dit sa peur de tomber malade, car il ne pourrait alors plus travailler, ou sa crainte des intempéries, qui peuvent détruire les cultures et réduire à néant un an de travail. La seule ambition de sa vie était de nourrir sa famille.

Je savais tout cela, je l'avais lu dans de nombreux livres sur la pauvreté ou sur la condition des paysans ; j'y avais réfléchi. Mais cela n'avait pas pris corps, cela ne signifiait rien en comparaison de ce que me disait mon hôte quand il me parlait en me regardant dans les yeux.

J'ai compris que je ne pouvais pas me contenter de filmer les gens de haut ou de loin ; j'avais besoin de me rapprocher d'eux pour écouter leur parole et la faire entendre aux autres. Pour comprendre le monde, il faut écouter les gens.

La beauté du monde qui m'obsédait et que je recherchais tant était là, dans ces paroles qui me rendaient meilleur.

C'est ainsi qu'est né un projet très important pour moi, que j'ai créé avec Baptiste Rouget-Luchaire, mon beau-fils, et Sibylle d'Orgeval : *6 milliards d'autres*. Accompagnés par Nicolas Henry, Chloé Henry-Biabaud, Isabelle Vayron et Dominique Llorens et avec l'aide de BNP Paribas, nous avons pu réaliser plus de 6 000 interviews ! En 2013, il devient *7 milliards d'autres* pour suivre la croissance de la population mondiale.

Ce projet a été primordial dans mon travail. Il a été la première pierre de mon film *Human* qui possède toute sa singularité, mais s'inscrit véritablement comme le prolongement de *7 milliards d'autres*. Malgré des différences évidentes, ce long-métrage partage une ambition proche de celle de *La Terre vue du ciel*. Mais cette fois, ce n'est plus un portrait de la planète mais une représentation de l'humanité que j'ai voulu proposer, non plus au travers de photos aériennes, mais par l'intermédiaire d'interviews filmées en plan fixe, sans commentaire.

Dans ces deux projets, l'objectif est de donner la parole à ceux que l'on n'entend pas habituellement : des sans voix, des sans noms, des personnes qui ne font pas la une des magazines mais qui sont pourtant exceptionnelles. Souvent, bien qu'elles soient méconnues, parce qu'elles le sont, parce qu'elles portent un message d'une force explosive, proportionnelle à leur authenticité : leur parole n'a pas encore été érodée par le filtre médiatique. C'était un projet gigantesque qui nous dépassait. Sa valeur n'avait d'égal que la diversité des personnes que nous allions rencontrer. Heureusement, Françoise et Jean-Pierre Meyers ont pu financer le projet grâce à la Fondation Bettencourt-Schuller, et ils m'ont laissé libre de faire le film comme je l'entendais.

Dirigé par Florent Gilard, qui était déjà rentré dans l'équipe comme stagiaire pour *6 milliards d'autres*, mon équipe a ainsi interviewé 2 000 personnes dans cent pays – de la grand-mère russe au jeune tokyoïte en passant par le bushman et le geek berlinois – dressant ainsi un portrait émouvant de l'humanité. Des gens qui parlent face à la caméra, qui s'adressent directement aux spectateurs, comme plus personne ou presque ne le fait au cinéma. Ils répondent tous aux mêmes quarante questions intimes : « Que voulez-vous transmettre à vos enfants ? », « Quel est votre premier souvenir ? », « Qu'est-ce qui vous met en colère ? »… Comme à la période de *La Terre vue du ciel*, une obsession m'avait saisi : j'avais besoin d'accumuler des milliers et des milliers de témoignages. Et comme pour *Home*, le résultat n'émergea que progressivement, au cours du long travail des montages successifs. Un tableau global a émergé, construisant une ode à l'humanité, dans sa diversité et sa richesse. En dépit des apparences, il y a donc un lien fort entre mon projet photographique et le programme *6 milliards d'autres*.

Parmi les milliers de personnes interviewées tout autour de la planète, on croise certaines stars qui se sont prêtées au jeu. Mais lorsque vous interviewez un Bill Gates, il arrive flanqué de son directeur de communication. Et lorsque nous avons posé la question que nous nous posons à tous « à quand remonte la dernière fois où vous avez pleuré ? », le directeur de la communication s'est penché vers moi et m'a dit « l'interview est terminée ».

Même Ban Ki Moon, le secrétaire général des Nations unies, avec qui j'avais des relations presque amicales, n'a pu se démettre de ses fonctions devant la caméra et cela m'a valu une belle frayeur. Alors que nous avions préparé une projection de *Human* sur un immense écran dans la grande salle des Nations Unies, j'avais été interviewé par l'AFP et j'avais expliqué que je n'avais pas pu garder les interviews de Bill Gates et Ban Ki Moon dans le film car elles ne dégageaient pas assez d'émotions personnelles. À peine la dépêche était-elle parue que je reçois un message de son directeur de cabinet : « Quand vous arriverez aux Nations Unies n'allez pas saluer M. Ban Ki Moon, il est furieux ». J'étais pris de sueurs froides. Cette projection était comme une apothéose, 2 000 personnes étaient invitées et je craignais que tout puisse être annulé. La projection a eu lieu sur un écran gigantesque. Ban Ki Moon a regardé les trois heures trente de projection jusqu'au bout et est venu m'embrasser. De toutes les personnes publiques interviewées, seul le témoignage de Pepe Mujica, devenu président de l'Uruguay après plusieurs années de prison, avait la même authenticité que les milliers d'autres témoignages donnés. Comme a pu le dire mère Teresa, « ce qui n'est pas donné est perdu ». Et nous avons reçus dans *Human* des dons extraordinaires de l'humanité dite ordinaire. Comment oublier la parole de ce prisonnier américain qui a découvert l'amour grâce au pardon de la grand-mère de ses victimes, ou celle de ce père de famille russe qui raconte comment il montre les étoiles à son fils handicapé ? Comment couper dans ces interviews si passionnantes ? Le premier montage faisait neuf heures… C'était pour moi la bonne longueur du film.

Human c'est aussi une heure sans commentaire d'images aériennes spectaculaires tournées par mon ami Bruno Cusa, sans doute le meilleur opérateur au monde de Cineflex®, cette caméra stabilisée que nous employons dans l'hélicoptère. Avec les musiques d'Armand, ses images du monde résonnaient sur les magnifiques paroles des deux milles interviews.

Grand Palais

Le premier projet vidéo 6 *milliards d'autres* donna lieu à une exposition au Grand Palais, à Paris, en décembre 2009. Elle fit ensuite le tour du monde, passant de l'Exposition universelle de Shanghai en 2010 au Museu de Arte de São Paulo au Brésil en passant par Rome, Bruxelles ou encore Moscou. Mais ce début parisien fut un défi colossal. Le Grand Palais est une nef immense – soixante-dix mille mètres carrés, quarante-cinq mètres de haut : un géant qui ne connaît aucun équivalent en France. Comment remplir cet espace unique, qui plus est en plein hiver, quand il est impossible de chauffer l'endroit ? Moi qui suis souvent accusé de mégalomanie, aurais-je effectivement vu trop grand cette fois ? Et comment concilier la dimension intimiste des témoignages avec le gigantisme du lieu ? Nous avons choisi avec Nicolas Henry de construire des petites yourtes à l'intérieur de cet immense espace, comme perdues dans la taïga. Et nous avons installé quelques lampes qui flottaient dans la nef, comme des étoiles. On devenait tout petit face à l'immensité du ciel. Dans ces yourtes, on se réchauffait au contact physique des autres spectateurs et grâce à la chaleur des témoignages bouleversants projetés sur les écrans.

Il faut reconnaître que les débuts furent difficiles. Encore une fois, les médias ne comprenaient pas bien ; la critique était dubitative. Mais le public me rejoignit. Progressivement, le bouche à oreille commença à faire son effet. Et après quelques semaines, les gens faisaient la queue pour entrer. Certains revenaient plusieurs fois, d'autres m'interpellaient dans la nef – j'y passais des heures à regarder les gens, épier leurs réactions, discuter avec eux. Les spectateurs pleuraient en regardant les vidéos, ils s'étreignaient en sortant, bouleversés.

C'était ce que nous avions espéré avec Sybille et Baptiste et ce fut notre plus belle récompense. J'avais imaginé ce projet comme un voyage vers des émotions sincères : témoigner de certaines, en provoquer d'autres. On ne sait plus dire « je t'aime » et on ne sait plus pleurer. C'est ce que je voulais retrouver.

6 milliards d'autres et *Human* m'ont transformé, eux aussi : j'ai changé ma manière de penser, passant de l'écologie « classique » à un questionnement plus large sur la place de l'être humain dans notre monde. Cette transformation était déjà à l'œuvre à la fin de l'émission « Vu du ciel », quand je voulais y parler de pauvreté et d'éducation. Pour moi, elle est désormais essentielle, car l'écologie est bien plus qu'un élan vers la nature : c'est un nouvel humanisme. L'écologie, telle que je la comprends désormais, place l'être humain au centre des questions et des réponses : il est à la fois le responsable et la victime des changements ; il est également le porteur de solutions. « L'humain est la mesure de toute choses », pour citer, hors de propos, Platon[1].

Mais ce n'est pas toujours simple. L'humanisme nous rapproche des presque huit milliards de personnes qui peuplent la planète, et nous amène à partager – intellectuellement et émotionnellement – leur destin. Par les temps qui courent, c'est plutôt déprimant. L'impact de la montée des eaux sur des millions de paysans au Bangladesh, les

1. Pour être exact, c'est Protagoras qui affirme cela, Platon le rapporte.

conséquences sanitaires de la pollution partout dans le monde, les désastres de l'exploitation du coltan en République Démocratique du Congo ou du mercure en Guyane...

Reste qu'avec 6 *milliards d'autres* ou *Human*, nous avons partagé des émotions ou une capacité à nous émouvoir, bref, nous avons créé de l'empathie. Et c'est à cet endroit précis – l'empathie – que se situe le nœud de la relation entre humanisme et écologie. C'est également là que réside la force qui permet d'espérer encore de changer le monde.

Comme beaucoup de spectateurs, j'ai pleuré d'émotion devant les témoignages de *Human*. Bien entendu, je ne souhaite à personne les peines ou les épreuves que la vie nous inflige, et je ne les idéalise surtout pas. Pourtant, il est de ces larmes chaudes qui amènent parfois le courage ou la bonté, quand ces flots d'émotions emportent les digues de notre self-control et de notre réserve habituelle. Quand nous partageons, pour quelques instants, l'expérience d'autres êtres humains, même si nous ne les connaissons pas. Dans ces moments, je me dis que plus encore qu'une écologie humaniste, nous avons besoin d'une écologie humaine, chaleureuse, qui nous réconcilie avec nous-mêmes et notre siècle.

Il est certes plus facile de se fermer à la douleur du monde, de continuer comme si de rien n'était, de ne penser qu'à soi. Il est plus facile de décrier l'humanisme et de refuser les transformations profondes qui s'imposent à nous. Mais les chemins les plus faciles ne sont ni les plus beaux, ni les plus heureux.

Je suis convaincu que plus l'on donne, plus on reçoit et que l'on ne sait jamais d'où cela viendra. *Human* m'a donné l'un de mes plus beaux cadeaux personnels, celui de Svetlana Aleksievitch. Svetlana est mon idole absolue et son livre *La supplication* sur Tchernobyl, mon roman d'élection. Elle a reçu le prix Nobel en 2015. Son œuvre est romanesque et documentaire à la fois, tissée à partir de centaines d'entretiens avec des gens ordinaires traversant des temps extraordinaires, très courageuse, elle est « la voix des sans voix », « au service des petits » comme elle le déclare souvent.

Je l'avais croisé une fois, sans vraiment la connaître lors d'une projection de *Home* en Biélorussie. Nous avions essayé de l'interviewer pour *Human* sans succès. Dix ans plus tard, me voilà de nouveau invité pour *Human*, par l'ambassade de France en Biélorussie. À l'atterrissage, au pied de l'avion, elle m'attendait, un bouquet de fleurs à la main, un sourire immense aux lèvres. C'est elle qui m'avait invité, j'étais tellement ému, je suis tombé en pleurs dans ses bras.

HOPE

Pour poursuivre tous ces projets je souhaitais avoir une autre société de production qui puisse produire des films engagés.

J'ai alors rencontré différents producteurs afin de m'associer, mais on ne me parlait que d'argent et de business, pas de changer le monde.

Puis mon ami Serge Orru m'a présenté Jean-Yves Robin. Lui, le producteur de séries et de fictions, m'a parlé écologie et engagement. J'ai su que c'était avec lui qu'il fallait s'associer, même si on ne venait pas du même monde professionnel et qu'il ne faisait, alors, pas de documentaire.

On a ainsi monté HOPE Production. Une société qu'on a imaginée comme une « société à but non lucratif ». On voulait même l'inscrire dans les statuts mais j'ai appris que ce n'était pas possible car antinomique avec le concept même d'une société. Peu importe, depuis maintenant 2011, HOPE Production investit toutes ses marges à faire de nouveau projets. Toujours engagés et j'espère humanistes.

La Soif du Monde que j'ai co-réalisé avec Baptiste, *Terra*, *Planet Océan* ou encore *Méditerranée* avec Michael Pitiot, *Woman*, avec Anastasia Mikova d'autres que j'ai fait avec Yazid Tizi, toujours les images de Bruno. Mais aussi celles de David, de

Jim ou de Dan, et puis les montages d'Anne-Marie, Françoise, Brigitte, Yen, Laurence, Maeva, Philippine et Anne-Claire. Fabienne, Eric, Tanguy, Pierre, Thomas et les deux Florent en production.

Je suis ému rien qu'à écrire ces noms car c'est un peu une famille que nous avons construite avec HOPE. Nous sommes passionnés, engagés, et nous aimons les mêmes choses.

Un film réussi c'est avant tout une aventure et des équipes au service de celui-ci. J'ai eu de la chance de les avoir à mes côtés pour porter ces histoires et ces sujets et j'espère que de nombreux sont encore à venir.

Au commencement était l'amour

Cette empathie, cette ouverture à l'autre, cet élan, aujourd'hui, je l'appelle « amour ». Et je me suis aperçu qu'il était déjà présent au début de mon travail. Mais les choses les plus évidentes sont parfois les plus difficiles à voir – c'est le cas de ma photo du Cœur de Voh, prise en Nouvelle-Calédonie[1]. Ce n'était pas seulement une photo réussie. Cette forme de cœur dans la mangrove calédonienne disait l'amour que l'on peut porter à notre planète ; elle

1. Voir chapitre « La Terre vue du ciel ».

disait que l'on peut trouver l'amour partout dans le monde, même dans les endroits les plus improbables. J'ai mis vingt ans à comprendre que cette image n'était pas juste un clin d'œil que nous adressait la nature – elle disait quelque chose de plus profond. Rien n'est plus important au monde que l'amour.

Quand j'ai appuyé sur le déclencheur de mon appareil au-dessus de cette mangrove, cela a emporté mon existence, mais je ne le savais pas encore. Peu à peu, imperceptiblement au début et de manière plus évidente ensuite, je n'avais pas compris que mon destin était résumé dans cette image – j'allais parler d'amour. Par la suite, mon film *Human* m'a permis de réaliser que l'amour est notre point commun à tous, qu'il prenne la forme de l'amour charnel, d'une attention, d'affection, ou de bienveillance.

C'est incroyable ce que les gens sont prêts à faire pour ceux qu'ils aiment, pour assurer le quotidien et le bien-être de leur famille. L'amour, au sens large, est la source d'énergie qui fait se lever les gens le matin, le moteur qui fait tourner le monde. Plus puissant qu'une pile électrique, inépuisable, il est l'origine du mouvement perpétuel de l'humanité, qui poursuit cahin-caha son chemin de génération en génération.

L'amour est aussi notre défense face à l'adversité. À Dadaab, dans cet immense camp de réfugiés à la frontière somalienne, c'est l'espoir d'un monde meilleur qui permet aux gens de continuer à vivre. Au Congo, au cœur des ténèbres, il faut de l'amour pour tenir. Il faut de l'amour pour consentir les sacrifices immenses que sont prêts à faire les gens pour leurs enfants ou leur famille. Et c'est parce que l'amour est présent partout que, même dans ces endroits difficiles, les hommes et les femmes continuent d'éprouver de la joie, de faire la fête, de s'amuser…

L'amour infuse aux êtres une énergie teintée de bienveillance ; il crée une attention, une fraternité – peu importe le nom qu'on donne à cela. Lui seul est véritablement capable de changer la planète. Il faut donc cultiver cette force incroyable qui naît quand nous sommes ensemble et qui nous permet de nous surpasser.

Pardonner

Cet amour trouve en moi une origine bien particulière. Certains pensent que je suis né avec une cuillère en argent dans la bouche, comme on dit. Je ne le vois pas comme cela. Bien entendu, je suis reconnaissant envers mes parents de tout ce qu'ils ont fait pour moi et de tout ce qu'ils m'ont offert. Cependant, pendant mon enfance et ma jeunesse, j'étais plutôt le vilain petit canard de la famille. J'ai fait les quatre cents coups et je désespérais mes parents.

Bien plus tard, mon père m'a dit que lorsque j'étais parti de la maison, ma mère avait pleuré tous les soirs pendant des mois car je ne donnais plus aucune nouvelle. J'ai gardé pour moi cette confidence pendant longtemps, je l'ai ressassée un nombre incalculable de fois, jusqu'au jour où j'ai pris mon courage à deux mains : j'ai décidé de demander pardon à ma mère pour tous les soucis, les tracas ou les colères que je lui avais causés, pour toutes les nuits blanches qu'elle avait passées à s'angoisser. Je me suis agenouillé auprès d'elle en larmes et je lui ai demandé doucement de me pardonner. Elle a éclaté de rire. « On pardonne tout à ses enfants », m'a-t-elle dit en me prenant la main.

Ma mère a su être indulgente – et pourtant, j'en ai fait, des conneries. Cet amour qu'elle m'a offert, cette phrase qu'elle m'a dite, représentent le plus beau cadeau que j'ai reçu de mes parents. Et cet amour m'a construit. Il m'a transmis une énergie incroyable pour l'avenir. Cette simple phrase m'a aussi libéré d'un poids inouï. Elle m'a autorisé à commettre toutes les erreurs que j'allais faire.

Malheureusement, je n'ai pas su faire de même avec mon père. Je m'entendais mal avec lui, nous n'arrivions pas à nous parler. Je regrette de ne pas avoir réussi à lui dire merci pour tout ce qu'il avait fait pour moi avant qu'il parte.

Recevoir autant d'amour, c'est évidemment le plus beau cadeau dont on puisse rêver. Et être capable d'en donner autant, c'est transmettre une énergie sans équivalent. Ce moment avec ma mère fut le plus fort de ma vie. Ce fut aussi une leçon. La plus belle et la plus forte que j'ai eu la chance de recevoir.

Il m'a fallu du temps pour en saisir l'importance et la profondeur. Parce que l'amour d'une mère est tellement simple et tellement commun, mais aussi tellement immense – il n'est pas aisé de le comprendre vraiment.

Reste qu'à partir de ce moment-là, ma vie et mon travail n'ont finalement consisté qu'en un éternel recommencement, une tentative, infructueuse et partielle, mais sans cesse renouvelée, de retrouver et de transmettre cette étincelle magique. Pour arriver moi aussi à dire « je t'aime ».

Dire « je t'aime » à ma femme, à mes enfants, à mes amis et à mes proches, et puis aux autres, à tous les autres, aux inconnus, aux animaux, à la terre, à la beauté du monde. C'est pourquoi je parle si souvent d'amour, quand la question est sans réponse. Un amour qui prend des formes variées, mais qui naît toujours du même endroit.

11

Bisounours

Il n'y a rien de plus réellement artistique
que d'aimer les gens.

Vincent Van Gogh

La radicalité du bien

Parler d'amour peut sembler complètement naïf. Cela m'a valu le surnom d'« écolo Bisounours ». Cela m'a longtemps énervé mais, avec le recul, je l'ai accepté, car je revendiquais une forme de simplicité et de franchise, qui signifiait que mon action n'était pas calculée, comme le sont trop souvent celles des personnalités médiatiques – dont je suis. Je voulais simplement faire *quelque chose de bien.*

Le mot « gentil », on le sait, est trop souvent connoté négativement : tantôt il est synonyme de « niais », tantôt il déclenche une forme de suspicion.

Les gens imaginent quelque chose de louche ou de malhonnête derrière une générosité qu'ils ne parviennent pas à comprendre. Ils trouvent des défauts à mère Teresa, cherchent des complots derrière les milliards que distribue Bill Gates. La générosité les met manifestement mal à l'aise, probablement parce qu'elle les renvoie – involontairement – à leur propre égoïsme.

Aujourd'hui, je dirais cela autrement : il y a quelque chose de radical dans le bien, quelque chose de fort et de contestataire dans cette décision d'affirmer que l'on veut *faire le bien*, même si y parvenir vraiment est toujours plus difficile. Pourtant, il faut essayer. Ceux qui n'admettent pas cela ne sont pas sots, c'est autre chose – parce que ce désir, chacun peut le comprendre, et au fond de soi, chacun le reconnaît. Il faut donc continuer à faire le bien malgré eux, malgré tout. Au moins pour dire au nez des sceptiques que nous ne sommes pas dupes.

Dans ce monde basé sur l'intérêt immédiat et sur l'égoïsme, c'est un choix audacieux. Car notre monde nous apprend à réussir, quitte à marcher sur la tête de nos voisins. Le courage consiste à refuser cela, à refuser cette idéologie et ces valeurs. Et cela s'exprime de mille et une manières – parfois, par un simple regard ou une poignée de main. Le bien est radical. Ce n'est pas une faiblesse de caractère ou le défaut de ceux qui n'auraient pas la force d'écraser les autres sous leurs bottes : c'est un défi lancé à notre monde.

Le bien ne s'obtient pas facilement. Il demande de travailler sur soi, et on n'est jamais aussi bon qu'on le voudrait. On s'expose à l'échec, et donc aux sarcasmes des cyniques, et ils seront d'autant plus virulents qu'on aura failli leur prouver qu'on a raison. C'est une vie de montagnes russes : pour quelques instants de lumière, combien d'hésitations ou même d'insatisfactions quand on rate, quand on trébuche, quand on n'a simplement pas la force, l'énergie…

Et ce n'est pas une question de théorie : ce n'est pas parce qu'on défend telle ou telle idéologie généreuse qu'on y parvient. C'est même presque l'inverse. Car théoriser la générosité revient à la faire passer par l'intellect alors qu'elle doit passer par le cœur. C'est refroidir ce qui doit être un tison ardent. C'est croire qu'on peut la calculer, la raisonner, alors qu'elle doit être un élan. Et cette erreur emmène vers bien d'autres travers, à l'image de toutes les grandes idéologies qui ont précipité l'humanité vers le chaos, ou de ces petits bonimenteurs qui se targuent d'écologie mais défraient la chronique avec des affaires de mœurs, d'argent ou d'arrivisme, bref, qui font le contraire de ce qu'ils disent.

Le bien est un échec infini ou un effort inachevé, sans cesse recommencé. Mais c'est aussi une source immense de bonheur qu'il faut avoir expérimentée pour comprendre.

Agir rend heureux

Cette ligne directrice qui guide ma démarche aujourd'hui est née d'expériences qui ont, ma vie durant, alimenté mes réflexions. Je me souviens ainsi de ma rencontre avec un guide indien plein d'humour, il y a de longues années : à la sortie de la mosquée de Bombay, j'avais donné un peu d'argent à un restaurant qui offrait à manger à des mendiants. Ceux-ci, nombreux à faire la queue, ont pu tout à coup, grâce à mon petit don, tous entrer et manger. Je suis allé prendre un café avec mon guide et je me suis préparé à ce qu'ils viennent me remercier. Mais cela n'est pas arrivé. Quand je m'en suis étonné auprès de mon guide, il a beaucoup rigolé. Il m'a expliqué que ce n'était pas aux mendiants de venir me remercier, mais à moi de le faire, car, grâce à eux, je pouvais me sentir heureux d'avoir fait une bonne action. Il avait tellement raison ! Je l'avais fait pour moi.

D'autres anecdotes personnelles ont confirmé combien « agir rend heureux », pour reprendre le slogan de notre fondation GoodPlanet. Je les évoque rarement, sauf pour taper mes copains et leur demander une caisse de paires de chaussures, quelques kilos de livres ou des médicaments. Mais cela aidera à expliquer cette idée.

Un jour que j'étais parti à Brazzaville pour filmer les bateaux-villes qui parcourent le fleuve, pour notre film *La Soif du monde*, ma guide m'a emmené visiter un orphelinat où vivent des enfants qui ont perdu leurs parents, morts du sida. Là, j'ai totalement craqué. Cet orphelinat est dirigé par une sœur incroyable – oh, elle n'a pas que des qualités, mais elle se bat, elle donne de son énergie à tous ces jeunes. Elle parvient à leur transmettre une joie intense. Depuis, j'y retourne régulièrement, et avec des amis formidables, nous avons créé une association, nommée Badao, pour la soutenir. Je ne fais pas grand-chose, j'aide à trouver des fonds. Et chaque fois que je vais là-bas, ces enfants qui retrouvent espoir, et qui, pour certains, reprennent le chemin d'une vie belle, me procurent une joie immense. Le projet continue et avec une autre religieuse, sœur Ida, nous construisons aujourd'hui une maison pour les autistes.

Dans la lancée de la création de Badao, je me suis rendu un jour chez les Petites Sœurs des pauvres. J'ai rencontré sœur Marie-Jo qui s'occupe des réfugiés porte de la Chapelle à Paris. Lors de notre discussion, j'ai prononcé sans réfléchir des mots habituellement sans conséquence : « Appelez-moi si vous avez un problème. » Et je lui ai donné mon numéro de téléphone.

Ce n'était pas tombé dans l'oreille de n'importe qui : deux jours plus tard, elle m'a appelé, m'expliquant qu'elle avait un problème avec un couple érythréen. La jeune femme, enceinte, n'avait nulle part où aller. Elle n'avait pas de papiers, ne parlait pas français… Pourrais-je l'héberger quelques jours ?

J'ai hésité un peu, mais j'avais de la place dans ma grande maison et donc pas vraiment d'excuse… De plus, j'avais donné ma parole. Je n'ai pas osé dire non. C'est ainsi que j'ai fait la surprise à ma femme de rentrer chez moi avec Hayat, réfugiée érythréenne de vingt ans, enceinte de sept mois, et son mari Abdou dans l'idée de les héberger quelques jours. Ils sont restés deux ans.

Après quelques jours, j'ai envoyé un mail à mes amis et voisins, leur proposant d'aider à leur tour la jeune femme. Je n'ai reçu aucune réponse, contrairement à d'habitude. Le sujet mettait les gens mal à l'aise. Mais, petit à petit, mes voisins sont passés, ils l'ont rencontrée, ils ont échangé avec elle quelques mots ou quelques signes et ils ont évolué. L'un a apporté quelques vêtements. L'autre a donné des cours de français… Un cercle naturel de solidarité s'est créé autour d'elle, à l'image de ma voisine Ghislaine qui est venue lui apprendre le français – au début de temps en temps, puis tous les jours. Un jour que je l'ai croisée dans la rue, elle m'a serré dans ses bras en pleurant et m'a dit : « C'est le plus beau cadeau que tu m'aies fait. » Elle avait adoré transmettre et se rendre utile. Et finalement, c'est moi qui ait dit merci. Hayat m'est tombée dessus sans que je m'y attende. Et elle m'a donné beaucoup de bonheur.

Je l'ai accompagnée dans ses démarches pour obtenir des papiers, et peut-être parce que je suis un peu connu, j'ai pu constater que les fonctionnaires faisaient leur travail avec sérieux et même avec le sourire ; quand elle a accouché, les équipes médicales se sont occupées d'elle avec beaucoup de bienveillance – et elle n'a rien payé. Alors, je me suis dit que nous avions quand même de la chance d'habiter la France, un pays qui reste, au moins un peu, ouvert aux autres et fier de ses traditions humanistes.

Depuis, Hayat a appris à parler français et elle a obtenu sa carte de séjour. Elle est devenue aide-soignante et suit des études d'infirmière. Abdou est jardinier et ils aident les gens autour d'eux.

J'ai vécu beaucoup d'autres choses belles et amusantes avec sœur Marie-Jo. C'est une femme stupéfiante : son numéro est connu des réfugiés avant même d'arriver en France. « Appelle sœur Marie-Jo. » C'est pourquoi elle a toujours besoin de quelque chose : des couches, des biberons... Un jour, elle était à la recherche de vêtements en perspective de l'arrivée des grands froids. Comme d'habitude, j'envoie un mail à toute ma liste de contacts – qui est longue car chaque fois que je rencontre quelqu'un je prends son adresse mail ! Claude Chirac que je connaissais par la Fondation Chirac, me répond : « On s'en occupe, ne t'inquiète pas. » Une voiture est arrivée chez sœur Marie Jo avec tous les costumes de Jacques Chirac nettoyés et repassés, sous leur housse du pressing. C'est ainsi que des réfugiés portent sans peut-être même le savoir des costumes d'un président français !

Au-delà de ces anecdotes, il faut comprendre ce que vivent les réfugiés. Hayat, partie du Soudan, me racontait qu'ils savaient tous les dangers qui les attendaient : la traversée du désert de Libye à pied, les grands risques d'être violé, d'être emprisonné, de rejoindre les marchés occultes d'esclaves et de travail forcé. Mais ils partent quand même car ils n'ont pas d'autres solutions. Tous les jours dans le désert, ils buvaient un verre d'eau mélangé à du pétrole pour ne pas avoir soif. Tout l'argent qu'ils avaient, ils se le partageaient. Être passé à travers tout cela donne la rage de vivre.

Joie

Le bonheur… Comment continuer à vivre dans notre monde actuel sans désespérer complètement, sans se laisser écraser par le poids d'une responsabilité ou d'un destin ? Comment faire pour être écologiste et joyeux aujourd'hui ? Comment, quand on est jeune, vivre pleinement, à cent à l'heure, dans ce monde ? Et comment, pour moi qui arrive au bout de mon chemin, mourir apaisé, réconcilié avec le monde, dans un dernier sourire adressé à mes proches ?

Pendant le siège de Sarajevo, la capitale bosniaque, les jeunes se retrouvaient le soir dans les abris pour boire, danser, chanter, et pour fêter la vie malgré l'horreur qui les entourait. C'était un défi, un immense bras d'honneur à la mort et aux snipers. Et aussi, probablement, la manière de trouver l'énergie de continuer à vivre et à se battre le lendemain.

Il faut savourer l'existence, comme si chaque jour était le dernier. Et inversement, il faut chercher la joie – pas seulement le plaisir –, car cette joie est le guide le plus sûr vers une vie bien remplie, une vie juste, une vie en harmonie avec nos proches.

La société nous déshumanise. Elle nous fait nous recroqueviller sur nous-mêmes. Elle brise les cœurs et les espoirs. Elle nous donne des désirs stupides. La société nous fait renoncer à trop de choses qu'on finit par oublier : avoir du temps à partager avec les êtres chers, passer de longs moments dans la nature et retrouver le plaisir de la contemplation, ouvrir son cœur aux autres et ne pas avoir peur – malgré tout.

Il faut trouver le courage du quotidien, le courage de remettre en cause nos routines, de retrouver notre humanité. En être capable, c'est le plus bel héritage que l'on puisse transmettre à nos enfants et aux générations futures.

Cela peut sembler un peu pompeux ou abstrait. Mais, en réalité, c'est une façon d'être qui peut s'exprimer dans chaque instant de la vie. L'une des personnes qui m'inspire le plus au jour le jour est ma grand-tante Yvonne. Elle est religieuse et âgée aujourd'hui de cent trois ans. Sa vivacité intellectuelle est épatante. Tous les jours, elle lit *La Croix* de A à Z, aucun article ne lui échappe. Quand je vais la voir, elle arbore un grand sourire, elle irradie.

Pourtant, autour d'elle dans sa maison de retraite, on entend les gémissements des patients atteints d'Alzheimer et ça sent l'urine.

Je lui ai demandé un jour : « Tante Yvonne, comment fais-tu pour garder le sourire dans cet univers ? » Avec son ton très direct qui en fait la force, elle me répond droit dans les yeux : « Mais ce n'est pas difficile, Yann : je ne pense pas à moi, je pense aux autres. » Elle me donne régulièrement de grandes leçons de vie, comme, par exemple, récemment, de ne pas attendre de remerciements, de nouveau. Le véritable don est complètement gratuit, il n'attend pas de réciproque. Alors que je l'appelais pour lui demander si elle avait bien reçu ses numéros de *La Croix*, son journal auquel je l'avais abonnée, elle a senti, dans sa finesse habituelle, que je quémandais une reconnaissance. Avec sa très jolie malice, elle m'a répondu : « Yann, s'il te plaît, ne te vante pas de m'abonner à *La Croix* ! »

12

L'indignation, la nuance et l'amour

Railleries

J'assume mon côté Bisounours, je l'ai dit, avec les railleries qu'il déclenche, en particulier celles des journalistes. Mais, une fois n'est pas coutume, je me suis énervé.

C'était à propos d'un article de *Libération*, un portrait dont cet extrait donne le ton : « Le photographe à moustache affiche une écologie nunuche et héliportée, qui brasse l'air du temps. » À l'époque, je lisais *Libé* tous les jours ; c'était *mon* journal. Et voici qu'un matin, en quatrième de couverture, je découvre complètement par surprise un portrait de moi, un tissu de méchancetés comme je n'en avais jamais lu, écrites par un journaliste qui se croyait intelligent et drôle mais qui ne me connaissait pas et ne m'avait même pas interviewé. Je me suis senti trahi. Je n'ai plus jamais acheté *Libé*.

Ce n'était pas la première fois que j'essuyais des critiques ; je sais que c'est le prix à payer quand on s'expose publiquement, le contrecoup inévitable de la vie d'artiste. Chacun a bien sûr le droit de penser et de dire ce qu'il veut et on ne peut pas plaire à tout le monde, c'est inévitable. Quand j'ai fait *La Terre vue du ciel*, j'ai été démoli par presque tous les journalistes. Au mieux, j'avais droit à un article condescendant qui me reprochait de faire de l'argent. Je me souviens ainsi d'un article du *Monde* sur le succès du projet qui ne parlait même pas de mes photos et me présentait comme un homme d'affaires entièrement occupé à vendre des produits dérivés…

Toutefois, il y avait dans cet article de *Libé* quelque chose de différent. Quelque chose de pire. Si le journaliste n'aimait pas mes photos, mes films, mon travail, et qu'il voulait expliquer pourquoi, il faisait son métier. S'il avait défendu l'idée que le réchauffement climatique était un mensonge des écologistes et qu'il fallait émettre plus de CO_2 pour protéger l'économie (ce qui n'était pas le cas), j'aurais été contre, mais au moins, il m'aurait attaqué parce qu'il n'était pas d'accord avec moi. Cela, je pouvais l'accepter.

Mais ce n'était pas de cela qu'il s'agissait. Plus que le fond du texte, c'était l'attitude qui me blessait.

J'ai rencontré ce journaliste des années plus tard. Je lui ai demandé : « Qu'est-ce qu'il t'a pris d'écrire un truc pareil ? » Il m'a répondu : « Mais ce n'était pas méchant du tout, juste une parodie ! » Je ne comprends pas cette malveillance gratuite, pas plus que l'inconscience qui va avec. Certains voient dans cette posture agressive comme une sorte de noblesse, c'est une erreur. Isabelle Delannoy m'a raconté que, lors de son interview sur Thinkerview, un think-tank sur Internet, le réalisateur l'avait prévenue de ne pas lire les commentaires liés à la vidéo. Malgré les centaines d'émissions réalisées, il n'arrivait lui-même pas à s'y habituer. Au contraire, il était de plus en plus touché par la méchanceté gratuite qui se déversait sur les intervenants. Isabelle de son côté se croyait prémunie contre les réseaux sociaux, dont elle a l'habitude. Elle en a pourtant pleuré. « J'ai accepté que cela m'ait vraiment touchée et j'ai aussi accepté de pleurer. Les larmes me lavaient. »

Je ne m'habitue pas à cette méchanceté gratuite et banale provenant de personnes connues ou inconnues : comment peut-on prendre plaisir à faire du mal à une personne sans raison et penser que cela n'a pas de conséquences ? Un critique littéraire du *Masque et la Plume* a un jour abandonné l'émission en disant : « Je m'y trouve méchant et ça ne me ressemble pas dans la vraie vie. » Quelle société pouvons-nous bâtir en effet quand l'animosité est une façon comme une autre de briller en société ? Alors que la planète devient exsangue, fabriquer notre bonheur est plus urgent que de gonfler nos ego.

Dernièrement, la critique du film *Woman* sur Radio France se résumait à : « Heureusement qu'Arthus Bertrand ne prend plus l'avion, il ne va plus nous emmerder avec ses documentaires. » Ou la critique de *Human* par Yann Moix, dans l'émission de Laurent Ruquier : « Vous êtes un mauvais réalisateur, votre film n'a aucun sens et vous ne donnez pas le nom de vos acteurs comme dans un film porno !!! » Que répondre à tant de mépris pour toutes ces personnes du film qui nous ont ouvert leur cœur ? Bien sûr, il n'avait pas vu le film. Ruquier, lui, ricanait sur le film écologiste de Cyril Dion et Mélanie Laurent, *Demain*.

Indignation

Je pense souvent à l'injonction de Stéphane Hessel : « Indignez-vous ! » Ces deux mots nous invitent à exiger davantage de notre société, mais aussi de nous-mêmes. Ils peuvent nous amener à refuser de manger des produits contaminés par les pesticides ou des animaux abattus dans des conditions scandaleuses, à ne pas acheter des vêtements ou des gadgets électroniques produits à l'autre bout du monde dans des conditions discutables, à bannir les comportements mal placés, les promesses non tenues, les arrangements douteux.

En refusant de commettre soi-même des injustices, on montre que c'est réellement inacceptable de la part de tous. C'est le début de la politique telle que je l'imagine. Bien sûr, nul n'est parfait. Et on sait combien les beaux parleurs de toutes sortes sont souvent de mauvais exemples. On ne peut pas laisser cette indignation se transformer en un jugement moral sur les autres. Elle mènerait à un puritanisme dangereux. Albert Camus a défendu l'idée qu'il fallait avoir le courage de la nuance, l'audace de l'incertitude. Raymond Aron parlait de radicalité dans la nuance : croire au doute et aux zones grises. Je suis de cet avis. L'action y oblige. Il faut tracer sa route selon ce que l'on croit être juste mais accepter les écarts. Je vois trop souvent la communauté écologiste se battre sur ses divergences plutôt que de défendre ensemble l'idéal commun. Il s'agit peut-être d'être exigeant avec les autres, mais surtout avec soi.

Pour tempérer nos élans, il faut apprendre à être bienveillant avec nos imperfections et celles des autres. Cela oblige à dialoguer avec nous-mêmes, c'est-à-dire à penser, à sortir des phrases toutes faites, ces clichés qui dévastent le bien commun et nous conduisent à l'inhumanité. Et pouvoir regarder en nous-mêmes et être capables de s'aimer, malgré nos imperfections. Car il n'est pas de « saint » écologiste. Il faut donc une pensée courageuse sortie des clichés, et de l'amour, c'est-à-dire de la bienveillance, pour soi et ensuite pour les autres. C'est ainsi que l'on retrouvera une fraternité. C'est ainsi que l'on pourra mettre les ego et les divergences au second plan, pour défendre ensemble nos idées. De manière positive, constructive, fraternelle.

L'indignation, la nuance et l'amour comme programme. Cela semble complètement désuet ou décalé. Mais je crois que c'est là que réside la véritable et profonde rupture avec le monde actuel. Et surtout, le principal moteur pour le transformer.

Tous interdépendants

La planète, on le sait, n'est pas peuplée exclusivement de citoyens bienveillants et écologistes, loin s'en faut. Si tout le monde mangeait bio, il n'y aurait plus de problème avec les pesticides et Monsanto n'existerait plus. Si tout le monde cessait de manger de la viande, ou en tout cas de la viande industrielle, il n'y aurait plus de problème de souffrance animale, et on résoudrait des questions essentielles de pollution ou de lutte contre la faim. Si tout le monde refusait d'acheter et de jeter sans cesse des produits en plastique, il n'y aurait plus de problème de pollution des océans.

Pourquoi n'agissons-nous pas ? La question de l'action individuelle est au cœur de la problématique écologiste. D'autant plus que notre capacité d'action nous donne une responsabilité face au monde, tous les jours. Et si on peut adopter une attitude indifférente, on ne peut nier que nous sommes tous interdépendants. En prendre conscience est au cœur de la démarche écologique.

Notre téléphone nous relie à nos amis dans le monde entier, mais il nous lie également à tous les enfants exploités dans les mines de la République démocratique du Congo, où est extrait le coltan dont on a besoin pour le faire fonctionner. Les écrans numériques qui nous entourent nous permettent de regarder des vidéos en provenance des quatre coins du monde, mais ils nous lient également aux ouvriers d'Asie qui travaillent douze heures par jour, ou plus, pour les assembler. Il en va de même pour tous les drames auxquels on assiste en regardant le journal télévisé ou en lisant les nouvelles sur Internet. Nous sommes liés par des fils invisibles mais très réels à tous les habitants de la planète.

Le problème est en nous

Certes, de grandes entreprises vendent des produits toxiques ou inutiles – mais c'est nous qui les achetons. Il est plus facile de critiquer Total que soi-même lorsqu'on fait le plein à la station-service. Il est plus facile d'accuser les paysans de polluer la planète que de se remettre en question quand on achète de la nourriture industrielle bourrée de pesticides. Il est plus facile de reprocher aux entreprises d'être irresponsables que d'assumer une véritable démarche éthique, quand on cherche sans cesse à dépenser moins et qu'on achète des produits fabriqués dans des ateliers lointains régis par des conditions sociales honteuses.

Une chose est certaine : l'ennemi est également en nous-mêmes.

Petits gestes

Pour aider le citoyen à mettre en pratique cette responsabilité individuelle, les écologistes (moi y compris) ont donné de nombreux conseils adaptés à nos quotidiens : couper l'eau quand on se lave les dents, éteindre l'électricité quand on quitte la pièce. En s'additionnant, ces petits gestes vertueux jouent un rôle. Ils permettent d'éduquer les gens, d'attirer leur attention, parfois de lancer un message dans les médias – par exemple avec le Earth Day, quand, chaque année, on éteint la tour Eiffel pendant une heure. Mais, fondamentalement, ces gestes ont un impact minime et restent essentiellement symboliques. Ils ne sauveront pas le moindre ours blanc, ni le moindre enfant africain. Ils ne suffiront pas tant qu'on laissera faire les grands pollueurs, tant qu'on leur accordera des subventions.

C'est le piège que recèle le mythe le plus puissant de l'écologie contemporaine : celui du colibri, emprunté par Pierre Rabhi au folklore africain. Il raconte l'histoire d'un petit oiseau qui refuse de s'enfuir lorsque sa forêt prend feu. Le petit animal vole jusqu'à un lac, remplit son minuscule bec d'eau et revient le déverser sur les flammes. Un autre animal l'interroge sur la portée de son acte. Et le colibri répond que si infime soit son geste, il fait sa part. Dans une première lecture du mythe, il s'agit d'une invitation morale à l'action. Chacun peut se demander s'il a « fait sa part ».

Mais cela ne suffit pas. Le monde continue d'avancer sur sa trajectoire, vers un effondrement annoncé. Notre maison brûle et nous regardons ailleurs, comme le déclara jadis Jacques Chirac – sans que cela change quoi que ce soit à l'inaction du gouvernement qu'il présidait. Qu'est-ce qui n'a pas marché ?

L'un des éléments de réponse est, bien entendu, qu'il ne suffit pas d'un colibri ; il en faut des millions. Il faudrait même que ces colibris arrivent à convaincre leurs amis les pélicans à grand bec de se joindre à eux. Et tous les autres animaux de la planète ! Le mythe du colibri pose en réalité la question de l'action collective tout autant que l'action individuelle.

L'action individuelle n'est pas inutile. Elle peut même être radicale, comme le raconte l'un de mes films préférés, *Nicky's Family*, un documentaire tchèque de Matej Mináč sur la vie de Nicholas Winton pendant la Seconde Guerre mondiale. Nicholas était un jeune banquier anglais qui s'est retrouvé un peu par hasard à Prague au moment de l'invasion allemande en 1939. Devant la crainte des familles juives qui cherchaient à tout prix à faire partir leurs enfants de la ville, il a écrit à toutes les ambassades pour qu'elles les reçoivent pendant les vacances mais aucun pays n'a répondu positivement. Il a alors décidé d'accomplir cette mission seul, en Angleterre, et a demandé à des familles de les accueillir. Il a ainsi réussi à en faire adopter plusieurs centaines en Angleterre et a organisé huit convoyages par trains pour les y conduire, des convois qui ont même traversé l'Allemagne. Il a sauvé six cent soixante-neuf enfants, dont les parents sont, eux, morts dans les camps.

Après la guerre, qu'il a passée comme pilote dans la RAF, il n'a jamais parlé de cette histoire à personne. L'histoire est tombée dans l'oubli jusqu'à ce que, cinquante ans plus tard, sa femme découvre au fond du grenier une caisse de documents contenant les photos de tous ces enfants et les transmette à une journaliste de la BBC qui a reconstitué les faits. La journaliste a monté une émission en faisant à Winton la surprise de rassembler les gens qu'il avait sauvés, ainsi que leurs enfants et petits-enfants. C'est un moment d'émotion – et de télévision – totalement bouleversant. Ces enfants ont aujourd'hui près de cinq mille descendants qui vivent dans le monde entier. Ils et elles forment cette « famille de Nicky ». Quel plus beau symbole de ce que peut l'action individuelle ?

À vous de décider

En positif comme en négatif, même les plus modestes décisions peuvent avoir de l'importance. Signer de la paperasse au fond d'un bureau ou conduire un train peuvent participer à l'extermination d'un peuple. Dès lors que nous pensons nos actions en fonction de ce à quoi elles participent, que nous réfléchissons aux conséquences de chacune d'entre elles, nous évitons le piège de la « banalité du mal », selon le concept formulé par Hannah Arendt.

Dans le contexte bien différent de notre monde actuel, je ne veux ni juger ni condamner – je serais bien mal placé pour le faire, car je ne vaux pas mieux qu'un autre. Mais le défi du quotidien est passionnant : il donne du sens à la plus infime des décisions. Alors que la jeunesse s'inquiète de trouver du sens, l'écologie en crée partout autour de nous. Chacun, où qu'il soit et quoi qu'il fasse, peut changer le monde, à sa manière et à sa mesure.

Comme le dit Jane Goodall : « Vous ne pouvez pas passer une seule journée sans avoir un impact sur le monde qui vous entoure. Chacune de vos actions fait une différence. À vous de décider quel genre de différence vous voulez faire. »

13

Woman

Lorsque tout le monde abandonne,
le chant des femmes s'élève. Elles sont
l'épine dorsale du peuple.

Sagesse lakota

Naissance d'un projet

Parler d'amour, c'est parler des femmes, car elles savent aimer avec une force et une détermination que la plupart des hommes n'atteignent jamais. Elles sont courageuses, elles sont drôles.

En réalisant *Human*, j'avais l'impression de n'avoir fait qu'entrevoir leur richesse, leur complexité – et la terrible dureté de leur condition. C'est pour cela que j'ai voulu leur consacrer un film entier : *Woman*, dont Anastasia Mikova est la coréalisatrice. J'avais travaillé avec elle sur l'émission « Vu du ciel » et j'avais été impressionné par son professionnalisme. Je l'ai été à nouveau sur *Woman*. À la manière de *Human*, l'équipe a rencontré deux mille femmes dans cinquante pays.

Mes films me font grandir et je crois que je les fais pour cela. Ils m'aident à découvrir des mondes inconnus ; je fais un film pour me rendre meilleur.

L'expérience de *Woman* a été profondément transformatrice. J'étais dans une équipe de femmes – elles étaient dix-huit pour deux hommes – et nous visionnions des centaines d'heures de rush. À mesure, j'ai ressenti le sentiment d'être dépossédé de mon pouvoir de réalisateur et c'était pour le mieux. Anastasia m'a amené à lâcher prise et à les laisser faire. Elles étaient bien plus à même que moi de faire ce film.

Dans le bain de ces paroles de femmes et de ce travail de femmes, je me suis trouvé immergé dans leur façon d'être, de penser. Pendant tous ces mois, je devenais femme dans ma façon de ressentir et de réfléchir. Elles ont offert au film des moments d'une légèreté bienvenue sur ce sujet trop souvent pesant. Elles sont si drôles quand elles parlent de sexe quand nous, les hommes, sommes souvent si sales. J'ai vu autrement ma mère, ma femme, mes sœurs. Moi qui admirais mon père qui dirigeait tout, j'ai compris pendant ce film que la personne qui m'avait le plus marqué émotionnellement était sans doute ma mère à travers son amour et son travail quotidien pour nous. Depuis ce film, je crois que les femmes ont un chemin beaucoup plus jalonné d'épreuves que les hommes.

Le film, présenté en ouverture du festival de Venise 2019, fut accueilli par une *standing ovation* qui dura de longues minutes – je ne saurais dire combien, le temps s'est subitement arrêté pour moi. Mais la Covid, la fermeture des salles de cinéma dix jours après sa sortie en salle et la paralysie de la société ont interrompu sa diffusion. *Woman* ayant été diffusé sur France Télévision durant l'hiver 2021, il ne ressortira malheureusement pas en salles.

Femmes et leadership

En même temps que nous travaillions sur *Woman*, une femme exceptionnelle a surgi : Greta Thunberg. La jeune militante n'a plus besoin d'être présentée : elle a gagné une notoriété mondiale avec une rapidité et un succès inégalés. Elle m'impressionne et m'inspire. Greta m'a également rappelé que la plupart des héros de l'écologie sont en fait des héroïnes. Elles ne sont peut-être pas toujours très connues du grand public, mais, pour tous les écologistes, ce sont des stars, des références absolues de courage et de leadership.

Tant de noms et de visages me viennent à l'esprit que je ne vais pas pouvoir toutes les citer, mais il me faut commencer par Jane Goodall, qui m'inspira toute ma vie. Cette petite dame frêle mais infatigable continue à faire le tour du monde pour protéger les singes. Et elle parvient à déplacer des montagnes. Mon admiration pour elle est sans limites et m'a amené à faire jouer mes relations pour tenter de la faire nommer prix Nobel de la paix – cela n'a visiblement pas suffi, et je le regrette. Jane Goodall a dit un jour : « Plus les perspectives sont sombres, plus je suis déterminée. » Les femmes ont cette volonté obstinée et cette opiniâtreté qui font que, quand elles ont décidé quelque chose, il est difficile de les arrêter.

Il y a aussi Dian Fossey, protectrice des gorilles, assassinée au Rwanda en 1985, et Biruté Galdikas qui défend les orangs-outans en Indonésie. Avec Jane Goodall, elles forment « les trois anges de Leakay », du nom de l'anthropologue britannique et kényan qui les a encouragées. On les appelle également les « trimates », pour les trois espèces de primates auxquelles elles ont consacré leur vie.

Il faut citer également Rachel Carson, qui, la première, a dénoncé les dangers des pesticides – à l'époque, principalement le DDT. La jeune femme a écrit un livre au titre tristement poétique : *Le Printemps silencieux*, qui évoque un temps où il n'y aurait plus d'oiseaux pour chanter, car les pesticides auraient tué ou empoisonné tous les insectes dont ils se nourrissent. Le livre est terriblement visionnaire, quand on sait que les études scientifiques actuelles montrent qu'environ 80 % des insectes ont disparu en Europe, et quatre cent vingt millions d'oiseaux !

Le DDT contre lequel s'est battue Rachel Carson a été interdit en France en 1971. Mais cinquante ans plus tard, rien n'a changé, ou plutôt si : on utilise de plus en plus de pesticides – soixante-dix mille tonnes par an en France – et les molécules sont de plus en plus puissantes et toxiques. On en retrouve la trace dans le sang ou les cheveux des citoyens. Ces produits chimiques sont soupçonnés par les institutions sanitaires internationales d'être responsables de cancers du sein, de cas de maladie d'Alzheimer, etc. Aujourd'hui, les associations dénoncent l'utilisation du glyphosate et les épandages à proximité des habitations…

Je pense également à Wangari Maathai, qui a reçu le prix Nobel de la paix pour avoir lancé le Green Belt Movement, le plus grand mouvement mondial de plantation d'arbres ; elle a créé au Kenya une dynamique qui a réuni de manière exemplaire les combats pour l'environnement, la démocratie, l'émancipation des femmes et la justice sociale. Je l'avais reçue à Copenhague, peu de temps avant sa mort.

À Erin Brockovich, qui a acquis une grande notoriété grâce au film de Steven Soderbergh et au talent de Julia Roberts, mais a surtout gagné le plus grand procès du monde contre les pollueurs (trois cent trente millions de dollars !). Elle continue à les poursuivre devant les tribunaux.

À Vandana Shiva, qui protège les paysans indiens et lutte contre les OGM ; à Gro Brundtland, diplomate norvégienne qui a inventé le terme de « développement durable » et a dirigé le Sommet de la Terre de Rio en 1992 ; à Claire Nouvian, qui se bat contre la pêche profonde ; à Runa Khan, militante pakistanaise qui défend les victimes du changement climatique ; à Lucie Pinson, la jeune Nantaise de l'ONG Reclaim Finance qui vient d'avoir le prix Goldmann – l'équivalent du Nobel pour l'environnement – pour avoir convaincu de grandes institutions européennes d'abandonner le charbon, Maud Fontenoy et sa fondation qui s'engage dans le monde pour préserver les océans, Brigitte Gautière qui fait un travail formidable avec L214, sans oublier Bardot, qui a été une des premières, et Isabelle Autissier, présidente d'honneur de WWF-France… Et bien sûr, à Greta !

Étonnamment, je n'ai pas en tête une liste aussi longue de personnalités écolos hommes. Il y a mon ami Al Gore et Paul Watson, qui mène son combat contre la pêche illégale. Il faut mentionner Pierre Rabhi et Nicolas Hulot. Il y a aussi Douglas Tompkins, qui a créé des réserves en Amérique du Sud, et Yvon Chouinard, le fondateur de Patagonia. Mais rares sont les hommes qui sont aussi inspirants que toutes ces femmes que j'ai citées.

On peut imaginer deux manières d'expliquer l'importance considérable des femmes en écologie. La première serait que les femmes sont plus écolos ; la deuxième, que l'écologie est féministe. Les deux sont probablement vraies en partie. Il faut également rappeler l'étymologie du mot « écologie » qui vient du grec *oïkos*, « la maison », et *logos*, « la science ». Les machos pensent que les femmes doivent s'occuper de la maison. Mais les écolos pensent que notre maison à tous, c'est la planète tout entière. Et qu'il faut s'en occuper tous ensemble !

Il y a aussi une réalité sociale : dans la plupart des pays, les femmes ont la responsabilité d'éduquer les enfants. Or penser à la génération suivante est à la base du développement durable. Très souvent, les femmes ont la responsabilité de nourrir la famille. Et que ce soit à cause des pesticides, du réchauffement climatique, de la pollution des eaux ou de la perte de biodiversité, cet objectif confronte quotidiennement aux enjeux environnementaux. Enfin, dans la plupart des pays, les femmes sont maintenues aux marges du pouvoir et elles sont aux premières loges pour constater combien le système actuel est injuste et nous emmène vers la catastrophe. Si cela leur donne envie de changer le monde, eh bien, elles ont raison !

Émancipation

Woman a été l'occasion de dresser un état des lieux de la condition des femmes, qui reste trop souvent dramatique. Pour autant, le progrès accompli dans ce domaine, si fragile et insuffisant qu'il soit encore, est remarquable. Le XXe siècle est le siècle des guerres mondiales et des totalitarismes, mais c'est aussi celui de l'émancipation radicale des femmes – du moins en Occident. L'enjeu du XXIe siècle est écologique et féminin. Mais le chemin parcouru est immense depuis le temps de ma grand-mère.

Il y a cinquante-six ans, en France, les femmes n'avaient pas le droit d'ouvrir un compte en banque, mais aujourd'hui Christine Lagarde a été nommée patronne du FMI puis de la Banque européenne. Il y a soixante-dix-sept ans, les femmes n'avaient pas le droit de vote en France, mais Édith Cresson est devenue Premier ministre de notre pays en 1991, et Angela Merkel a été élue chancelière de l'Allemagne en 2005.

Les jeunes femmes d'aujourd'hui, fières, courageuses et libres, veulent mener leur propre vie et refusent de n'exister que dans le regard des hommes, dans la place qu'ils leur laissent. Elles veulent décider pour elles-mêmes, et elles ont bien raison !

Bien sûr, il reste beaucoup à faire. Partout, des femmes sont victimes de violences physiques. Chaque année, des milliers d'entre elles sont tuées – souvent par leur conjoint. Elles sont victimes de trafic humain ou de viol. Il « manque » aussi cent millions de femmes dans le monde : des nouveau-nées mal soignées, tuées, ou des fœtus avortés parce que l'arrivée d'une fille signifie une bouche de plus à nourrir, une dot à constituer, on tout simplement parce que, socialement, les familles préfèrent des garçons. En Inde, sur les soixante millions d'avortements annuels, 90 % concerneraient des fœtus féminins !

A star is born

L'émergence de Greta comme star mondiale de l'écologie en dit long sur la transformation de notre société, qui a permis à une jeune femme de seize ans de devenir un leader mondial de la transformation écologiste à venir. Greta symbolise notre siècle. Elle porte en elle cette indignation fondamentale dont nous avons besoin ; elle en a fait le moteur d'une action et d'un sentiment de révolte qui a trouvé un écho dans le monde entier.

Cependant, l'hostilité virulente dont Greta fait l'objet montre bien qu'il y a un problème de générations. Lorsqu'un groupe parlementaire français l'invite à l'Assemblée nationale, toute une série de députés ou de commentateurs s'emportent. Certains s'exclament que donner la parole à une si jeune personne est un véritable scandale. Ils l'accusent d'être instrumentalisée, manipulée, et lui conseillent de retourner à l'école…

Par-delà les défauts ou les qualités de la jeune Suédoise ou de sa campagne de communication, ils n'ont pas été capables d'entendre son message, qui est celui des scientifiques du monde entier, celui de la jeunesse, celui d'une planète en danger.

Comme l'a écrit en septembre 2019 Jean-Marc Jancovici, dans un article publié sur le réseau social LinkedIn : « Greta nous reproche notre égoïsme au regard de ce qui attend sa génération ? Elle a raison. Elle reproche à notre génération de parler et de gesticuler, mais de ne rien faire ? Au premier ordre, elle a raison. Elle nous reproche de croire à un conte de fées sur la croissance perpétuelle ? Elle a raison. Elle nous reproche d'inverser celui qui donne l'espoir et celui qui en a besoin dans le dialogue intergénérationnel ? Elle a raison. Mais c'est comme aux alcooliques anonymes : tant que nous refuserons d'admettre que nous sommes drogués, il y a peu d'espoir de se désintoxiquer. »

Pourtant, les lignes bougent. Récemment, la presse britannique révélait que les leaders de l'OPEP considéraient Greta comme « la plus grande menace » pour leur activité. Mohammed Barkindo, le secrétaire général de cette organisation, regrettait que la mobilisation croissante « commence à influencer les décisions des politiques et des industriels, y compris leurs investissements ». Et plus intéressant, il ajoutait que la pression montait, y compris au sein des familles des dirigeants de l'OPEP, parce que leurs propres enfants « demandent à quoi ressemblera leur futur, parce qu'ils voient leurs proches manifester dans les rues contre l'industrie pétrolière ».

Que pensent les enfants de nos députés ? Que pensent les enfants des grands cadres de la finance internationale ou leurs jeunes assistants, leurs neveux, leurs amis ? Dans son hostilité à la jeune femme, toute une génération d'hommes et de femmes politiques se dévoile pour ce qu'elle est : de vieux barbons dépassés par leur temps, incapables de comprendre le grand enjeu du présent et encore moins d'y faire face.

14

Legacy

Legacy est le titre de ce livre, mais c'est aussi celui d'un film, d'une exposition, et de bien plus encore. Le mot désigne en fait un moment de mon travail et de ma vie, un temps d'introspection et, pour être sincère, une période douloureuse qui a nécessité un nombre incalculable d'allers-retours, d'hésitations, de doutes et de tentatives interrompues. J'ai découvert que parler de soi n'est pas si facile : le film *Legacy*, comme le livre, sont différents de ceux que j'avais faits auparavant en ceci que, cette fois, ce n'est pas moi qui regarde le film, c'est lui qui me regarde et qui, peut-être, me juge.

Tantôt, je me laissais aller à l'idée que mes anecdotes étaient futiles et qu'il était bien prétentieux de les raconter. Je me disais qu'il serait préférable de parler de choses plus importantes : la planète et comment la sauver. Tantôt, je me convainquais que ma parole peut être utile en touchant des lecteurs et des spectateurs. Au travers de mon histoire individuelle, ma voix fait écho à l'histoire d'une génération, elle évoque des questionnements universels et porte un message global qui m'emporte au-delà de moi-même. En faisant *Legacy*, j'avais l'impression de parler d'un sujet qui me dépasse, ce qui m'inquiétait parfois, mais j'en ressentais aussi la nécessité : il me semblait que je devais « faire mon devoir ».

Ce qui m'intéressait dans le mot *Legacy* était cette notion de transmission. Et je laisse volontairement ce titre en anglais parce que c'est une langue partagée par tous les habitants de la planète, ou presque. Comme *Home*, comme *Human* et *Woman*, il parle à toutes et à tous, et cette dimension globale fait partie de l'ambition de mes projets. Le mot signifie aussi héritage ou legs. Je voulais réfléchir à ce que je laisserais après moi à une époque de ma vie où je me pose la question de comment bien la finir.

Le film

Ce film fut particulièrement difficile à réaliser. J'ai tourné en rond pendant des mois pour trouver comment faire. Michael Pitiot, qui a coréalisé plusieurs de mes films, m'avait annoncé dès le début qu'il ne voulait pas travailler avec moi sur ce projet : après *Océans*, *Terra*, *L'Algérie vue du ciel* et tant d'autres, il m'a dit qu'il ne voulait « pas faire un autre film qui ferait pleurer [ses] enfants ». Mais il m'a offert un beau cadeau de séparation : ce mot, ce titre magnifique de *Legacy*.

J'essayais donc tout seul, je cherchais dans une direction puis dans une autre. Je lisais beaucoup, je tournais en rond. Près de mon lit, j'avais un petit carnet, et je me réveillais la nuit pour griffonner des idées. Au réveil, je n'arrivais pas à me relire ou mes notes se révélaient bien moins lumineuses que cela ne m'avait semblé dans ma nuit. J'étais un peu perdu.

J'avais une certitude, je voulais faire un film plus vertueux dans sa fabrication, et donc avec une empreinte carbone minimale. J'avais déjà arrêté de prendre l'hélicoptère depuis quelques années, mais je voulais aussi limiter les tournages au minimum, et travailler avec des drones sur place sans envoyer d'équipes françaises. Je voulais aussi reprendre des images parmi les milliers d'heures de « rushes » que j'ai déjà tournées mais jamais utilisées. Pourquoi refaire les choses à nouveau si ce n'est pas nécessaire ? Mais tout cela m'imposait beaucoup de contraintes et ne facilitait pas mon projet…

J'ai espéré un moment que d'autres m'aideraient à mettre en forme mes idées. J'ai demandé l'aide d'une jeune journaliste enthousiaste, Agathe Lanté, celle d'Isabelle Delannoy qui avait écrit *Home*, de Yen, la monteuse de *Home*, de Florent Gilard, de mon producteur, de mes amis, de mes assistantes vidéo... Mais rien n'y faisait : je n'étais pas encore prêt. Dans la salle de montage dans laquelle j'aime me retrouver, s'accumulaient des cartons d'images, des milliers d'heures d'archives qu'il fallait visionner et classer, mais j'avançais vers nulle part.

Partir de là où tout a commencé

Un jour, tout est soudainement devenu clair. J'ai compris qu'il fallait commencer par le Kenya – parce que tout a commencé là-bas. Combien de temps m'avait-il fallu pour parvenir à ce qui est aujourd'hui une évidence ? J'ai également réalisé qu'il fallait que je parle à la première personne, parce que les vérités que je voulais dire devaient être incarnées.

Quand j'ai commencé à prendre cette voie, tout s'est enchaîné et le visionnage du dernier film de David Attenborough, *Une vie sur la planète*, n'a fait que me conforter.

David est une immense star de la télévision anglo-saxonne, le grand présentateur des émissions naturalistes et écologistes de la BBC depuis près de cinquante ans : il en a quatre-vingt-quinze ans aujourd'hui. Il a influencé des générations d'écologistes et même Greta Thunberg est venue le rencontrer à Londres : ce seraient ses émissions qui l'auraient sensibilisée à l'environnement ! L'idée de leur rencontre est émouvante : plus de soixante-quinze années séparent ces deux monuments vivants de l'écologie – l'épaisseur de ma vie ! David Attenborough raconte, face à la caméra, son itinéraire mais aussi sa fascination pour la biodiversité et combien il a vu la Terre changer.

Et puis, comme souvent avec moi, tout s'est cristallisé autour d'une rencontre : Franck Courchamp, directeur de recherche au CNRS, spécialiste des dynamiques évolutionnaires et incroyable conteur. Nous nous sommes merveilleusement entendus, parce que d'une certaine manière nous nous ressemblons : nous nous laissons émouvoir par notre sujet. Plusieurs fois, alors que nous écrivions ensemble sur les conséquences du réchauffement climatique ou la perte de la biodiversité, nous nous regardions, les larmes aux yeux, dévastés par l'ampleur des catastrophes que nous décrivions… Il faut accepter de pleurer. Il faut s'y autoriser – hommes et femmes ; il faut faire redescendre dans notre cœur les idées qui ont trop souvent tendance à rester dans notre tête.

Diffusion

Le film a été diffusé par M6. Ce fut une décision un peu inattendue alors que toute ma vie j'ai travaillé avec les chaînes publiques. Le film *Home* avait fait neuf millions de spectateurs sur France 2. Mais désormais, les chaînes me connaissent et ont peur que je ne plombe l'audience. « Tu es trop pessimiste. Il faut amener de l'espoir. » Combien de fois ai-je entendu cette phrase ! Elle me fatigue un peu. Je crois qu'on se cache derrière l'espoir. L'espoir, c'est à chacun de le décider. L'espoir, c'est toi, il ne dépend pas des autres.

M6 n'est pas une chaîne connue pour son engagement social ou écologique, mais elle m'a fait confiance. Nous avons fait une très bonne audience, et nous avons ainsi touché un public différent. Les sondages et les études l'ont montré : le film a été regardé par beaucoup de téléspectateurs de moins de trente-cinq ans : j'étais très content de sortir de mon public habituel pour m'adresser aux (plus) jeunes.

Mais cette première diffusion n'était qu'un commencement. Le travail est fini pour moi, mais *Legacy* va continuer sa vie ailleurs. D'abord, il a donné naissance au livre que vous tenez entre vos mains. Et puis le film va continuer d'être projeté sur les écrans, dans les universités ou les associations. À l'heure où j'écris ces lignes, je découvre la voix de Sting, qui fait la voix off de la version anglaise du film. Il s'est approprié ma vie, mes mots, mes colères, avec une conviction incroyable, je ne le remercierai jamais assez.

Pour en donner un exemple, avec le ministre de l'Éducation Jean-Michel Blanquer, nous l'avons projeté dans les écoles. J'adore aller à la rencontre de mon public : c'est toujours enrichissant surtout quand les réactions sont inattendues. Lors de la projection à laquelle assistait le ministre, une jeune fille de treize ans m'a dit qu'elle avait détesté mon film car elle le trouvait trop dur. Je l'ai pris comme un signe de l'intelligence et de la conscience de notre jeunesse : ils ont compris que nous leur réservons un monde difficile !

Ensemble

J'adore faire des films un peu pédagogiques, j'ai soif d'apprendre et de partager. J'aime communiquer et discuter avec des gens qui s'intéressent également à ce qui me passionne : l'avenir de notre monde. Mais j'éprouve le même regret à chaque fois : faire un film, c'est emmener les gens dans un long voyage au cours duquel ils ne se croisent pas. Ils ne parcourent pas le même itinéraire ; chacun reste dans sa vie.

J'aimerais que nous parvenions à nous retrouver : par exemple, pour manifester ensemble dans la rue. La plupart du temps, nous ne sommes pas capables d'agir ensemble. Et je ne sais ni pourquoi ni comment faire pour que nous nous retrouvions collectivement en faveur de notre avenir. Comment expliquer que nous soyons des millions de Français dans la rue à célébrer une victoire de foot, ou à manifester notre solidarité après les attentats de *Charlie Hebdo* ; des centaines de milliers à manifester contre la loi de réforme des retraites ou contre le pass sanitaire et que nous soyons très contents d'arriver à comptabiliser trente mille personnes dans une marche pour le climat ? Nous nous plaignons de nos hommes politiques, mais ils sont le miroir de ce que nous sommes. Le jour où nous serons des millions à manifester dans la rue pour le climat, à remplir les avenues vers la place de l'Étoile à Paris, comme je l'ai vu pour la Coupe du monde de 2018, alors nos représentants politiques se mobiliseront peut-être eux aussi pour le changement climatique.

Car, aujourd'hui, le monde politique est bloqué. Nicolas Hulot me confiait que, lorsqu'il était ministre de l'Écologie, il a dirigé plus de deux mille réunions pour lesquelles il devait arrêter chaque fois des décisions. Et chaque décision faisait l'objet d'appels des préfets, des syndicats, des ONG... Personne ne peut gérer un tel enfer. Comment prendre du recul et penser efficacement dans une telle conjecture ?

Il nous manque un Nelson Mandela, un homme ou une femme charismatique et sincère en qui nous aurions confiance, qui porterait et incarnerait une vision et que l'on voudrait suivre.

Nous avons perdu la confiance dans ceux qui nous dirigent.

15

Ensemble

Si l'on m'apprenait que la fin du monde est pour demain, je planterais quand même un pommier.

Martin Luther

Alarme

La prise de conscience de la jeunesse prend une forme assez sombre. Les jeunes, plus encore que les adultes, sont convaincus de l'ampleur et de l'imminence de la crise. J'ai pris la mesure de cette angoisse, de cette noirceur, tandis que je présentais mon travail lors d'une projection scolaire de mon film *Planète Océan*. À la fin de la projection, un enfant a levé la main et m'a demandé : « Monsieur Bertrand, c'est quand la fin du monde ? »

Cela m'a fait froid dans le dos. Je n'avais pas envie de répondre. Aussi ai-je créé une sorte de diversion en demandant aux enfants dans la salle combien d'entre eux croyaient à la fin du monde. Les deux tiers ont levé la main. Ils n'avaient pas quatorze ans. Le choc m'a déstabilisé et j'ai dû prendre quelques instants pour masquer mon émotion.

Je portais déjà ma part d'inquiétude. Mais je voulais croire que c'était dû à mon âge, aux déceptions de la vie ou à mes propres soucis. Non. Les jeunes, dont les cœurs battent habituellement de tant d'espoirs, sont déjà persuadés de l'imminence de la catastrophe : ils vivent avec ce sentiment d'alarme quand on ne leur souhaite que l'insouciance.

Pendant des années, les écologistes (moi y compris) ont pourtant cherché à éviter un discours catastrophiste. Nous avons cru que le fait d'annoncer la fin du monde allait démoraliser les gens. Nous nous étions persuadés que les Cassandre de l'écologie ne pouvaient apporter qu'un sentiment déprimant d'impuissance, que les mauvaises nouvelles dépossédaient les gens de leur capacité d'action, pire, qu'elles pouvaient encourager l'incivisme : si le monde est foutu, à quoi bon perdre sa vie à essayer, en vain, de le changer ? Si la catastrophe est inévitable, pourquoi se priver des menus plaisirs qui nous restent, dussent-ils accélérer la fin du monde ? Pourquoi ne pas rouler en quatre-quatre, faire le tour du monde en avion, consommer, consommer et consommer autant que l'on peut ? J'ai pris ma part, et je ne suis pas mieux que les autres. La télévision nous propose des rêves de luxe et d'insouciance, nous donne l'impression qu'il suffirait de tendre la main pour les saisir. Alors pourquoi ne pas le faire – si on en a les moyens ?

Nous avons essayé de minimiser la crise. Si le verre était à moitié vide, il était aussi à moitié plein, et c'est sur la dimension positive que nous voulions insister. Nous avons proposé des gestes, des solutions.

Et Greta est arrivée. Et avec elle, le mouvement Extinction Rebellion, les collapsologues et toute une nouvelle forme d'activisme qui tire de cette perception de l'urgence écologique non pas une raison de désespérer, mais une colère et un moteur pour l'action. Le renversement est complet : il semble désormais que, plus le discours est catastrophiste, plus il convainc.

Covid-19

Le paradoxe, avec les partisans de l'effondrement, c'est qu'ils peuvent se tromper sur presque tout, ils auront quand même raison. Tôt ou tard, une catastrophe surviendra.

Je voudrais prendre pour exemple Yves Cochet. Pendant des décennies, l'ancien ministre et député a annoncé la fin du pétrole à coup de livres aux titres évocateurs comme *Pétrole apocalypse*. Pour autant, la pénurie d'or noir n'est jamais venue. Avec l'exploitation des huiles de schiste, les États-Unis sont devenus le premier producteur mondial, ce que personne n'avait prévu, et avec la crise actuelle de la Covid-19, les marchés font face à une surproduction sans équivalent : le cours du brut a même plongé dans le négatif, du jamais-vu ! Un jour, certes, nous manquerons de pétrole. Mais quand ? Et cela amènera-t-il la crise majeure que certains ont prédite ?

En revanche, personne n'avait pressenti la crise de la Covid-19. Le cinéma et la littérature sont riches en scénarios pandémiques. Mais aucun de nos gouvernements occidentaux n'avait pris la mesure de la menace, ni anticipé l'ampleur ou le déroulement précis de la crise. À l'heure où j'écris ces lignes, l'épidémie est partout dans le monde. Le bilan actuel compte des millions de morts et augmente chaque jour. La pandémie a mis à l'arrêt toute l'économie mondiale, et son coût est inimaginable. L'enjeu – tout le monde le répétait – serait de ne pas repartir comme avant : de profiter de la crise pour faire des choix… La crise de la Covid, comme toutes les précédentes, deviendrait l'occasion de transformer notre société.

Les pistes cyclables poussent dans les villes et le vélo pourrait connaître la croissance qu'on attend depuis des années – même si le chemin est encore long pour rattraper d'autres pays européens. Avec un peu de chance, notre système de santé sera renouvelé et les infirmiers, les aides-soignants, les médecins et toute la « première ligne », comme on dit, dont certains se sont sacrifiés pour nous, vont enfin pouvoir travailler dans des conditions décentes.

Mais je suis pessimiste : il est improbable que des changements sérieux surviennent ; la crise économique et la perspective d'une crise sociale majeure ravivent les vieux réflexes consuméristes. De nombreux indicateurs montrent combien notre société est incapable de prendre la mesure des défis qui nous attendent : nous ne parvenons, au mieux, qu'à réagir *a posteriori* à des catastrophes qui nous tombent dessus, et nous gérons comme nous pouvons – souvent assez mal, car dans l'urgence – des problèmes majeurs qu'il faudrait être capable d'anticiper et avoir le courage de prendre à bras-le-corps.

Certains se sont félicités que la crise ait des conséquences positives pour l'environnement : la diminution de la pollution de l'air, la biodiversité reprenant des couleurs jusqu'au cœur des villes. Et les émissions de CO_2, qui ont baissé en 2020 de 7 % à l'échelle de la planète…

Mais, à contre-courant, la crise nous montre aussi l'ampleur du chemin qui reste à parcourir : il a fallu arrêter pratiquement toute l'activité humaine sur la planète pendant trois mois pour obtenir cette baisse, alors qu'il faudrait diminuer ces émissions d'environ 50 % pour espérer limiter à 2 degrés le réchauffement, cet objectif minimal que les scientifiques et les militants se sont donné. Quel gouvernement prendra de son propre chef les mesures qui permettront de lutter – vraiment – contre le changement climatique, au prix de conséquences proportionnellement dévastatrices pour son pays ?

La Covid dévoile également la faillite morale de notre monde qui célèbre les milliardaires qui accumulent en des temps records des sommes vertigineuses tandis qu'une infirmière, une enseignante ou un pompier qui ont tant fait pour nous sont si mal payés et reçoivent si peu de reconnaissance. La crise de la Covid a remis en lumière cette « première ligne », ces vrais héros de notre monde, mais combien de temps, avant que nous n'oubliions de nouveau leurs sacrifices ?

Comment faire pour changer le monde ? L'écologie reste aujourd'hui une utopie, une critique de la société et pas un modèle alternatif. Or il faudrait qu'elle le devienne. La décroissance est une belle idée, mais elle manque cruellement d'application concrète.

Peut-être sommes-nous comme les utopistes du Moyen Âge qui ne pouvaient que rêver d'une société différente qui n'est survenue que plusieurs siècles plus tard. Peut-être sommes-nous encore en 1516, date où a été publié le livre *L'Utopie*, de Thomas More. Ou peut-être en 1788, à la veille de la Révolution française. Je ne sais pas, mais ce qui est certain, c'est que si nous ne changeons pas de route dans les prochaines décennies, notre société va au-devant de nouvelles crises – pas besoin d'être un collapsologue pour l'affirmer.

Mais là où les catastrophistes ont vraiment raison, c'est quand ils rappellent que, pour éviter de chavirer dans un monde qui s'effondre, il faut être armé mentalement ; il faudra avoir des valeurs, des amis, il faudra savoir résister. Il faudra avoir le cœur bien accroché.

Il faudra aussi inventer de nouvelles idées, de nouvelles formes de vivre-ensemble et de nouvelles manières de faire de la politique : l'innovation n'est pas que technologique, elle est aussi sociale. L'histoire récente de Bogota, capitale de la Colombie, nous en donne un bon exemple. La ville la plus dangereuse d'Amérique latine est devenue, grâce à l'action d'un maire un peu excentrique, un modèle de bien-être, d'éducation et d'environnement.

Antanas Mockus était professeur de philosophie. En pleine révolte étudiante, face à un amphithéâtre en colère, il déboutonne son pantalon et montre ses fesses aux étudiants.

Cela lui a valu d'être exclu de l'université, mais aussi de devenir immédiatement une célébrité dans le pays. Il se présente alors aux élections à la mairie de Bogota, avec comme objectif de moraliser la ville ravagée par la violence et la corruption. Il fait une campagne loufoque et se déguise en super-héros pour ramasser lui-même les ordures qui jonchent les rues. À la surprise générale et avec un budget promotionnel de trois mille euros, il est élu maire !

Une fois au pouvoir, il enchaîne des opérations qui semblent *a priori* farfelues, mais qui donnent des résultats surprenants. Par exemple, il décide de lancer une campagne contre les incivilités routières et engage des clowns pour faire la circulation – les accidents mortels diminuent de moitié. Il licencie les policiers corrompus et lance une nouvelle campagne contre la violence : le taux d'homicides chute de 70 %.

Alors qu'on nous dit que les politiques ne peuvent plus rien faire, l'histoire de Bogota est la démonstration du contraire. Elle nous rappelle que la politique peut être changée par des gens qui ont des convictions morales ou éthiques exceptionnelles. Et j'espère que la jeunesse d'aujourd'hui saura s'inspirer de cet exemple pour « faire de la politique autrement » – ce qui était un temps le slogan des écologistes.

Résister ensemble

L'indignation est un lien vers les autres ; c'est l'affirmation d'une solidarité, une attitude morale. Pour citer Albert Camus : « Je me révolte donc nous sommes. »

C'est le sens de mon combat aujourd'hui. L'enjeu du moment présent – dans l'attente d'un autre modèle économique et social – est de renouer des liens, de recréer des chaînes de solidarité. Simplement : de vivre ensemble. Et ainsi de créer la résilience de notre société, pour lui permettre de résister aux crises à venir, pour donner à la société civile la force d'impulser les transformations nécessaires.

Vivre ensemble, c'est se préoccuper de l'autre, faire attention à lui. Cela peut prendre plusieurs formes. Chacun le comprend à sa manière. Pour moi, c'est une forme d'amour, pour la planète, pour toutes les créatures qui y vivent. Il faut s'aimer soi-même pour aimer les autres.

La question n'est pas d'être optimiste ou pessimiste, comme les journalistes le demandent souvent. Car nous n'avons pas besoin de rêver à un avenir sombre ou radieux, nous avons besoin de courage pour changer le monde. Pour citer Sénèque : « Quand tu auras désappris à espérer, je t'apprendrai à vouloir. »

Générations

Ce livre est ainsi une main tendue à la prochaine génération de militants, celle dont j'espère qu'elle prendra notre relais. À chacun de saisir ce qui lui plaira dans le bilan subjectif que je trace, dans cet héritage que je lègue bien volontiers à toutes celles et ceux qui voudront s'en emparer.

Chacun le fera à sa manière. J'ai fait le tour du monde trop de fois. Et je ne sais pas combien de personnes j'ai réussi à vraiment influencer. Mais ma plus belle victoire, c'est que mon fils Tom ne veuille pas me ressembler et ne veuille pas devenir photographe. Il a trouvé sa manière de changer le monde : il s'est passionné pour la permaculture. Après avoir appris auprès des Fermes d'Avenir de Maxime de Rostolan, il est devenu maraîcher bio et il plante ses légumes. Il veut aussi s'occuper de ses enfants ; c'est l'un des points communs de mes trois garçons : ils s'occupent de leurs enfants avec bien plus d'attention que je ne l'ai fait. Tom cultive son jardin et l'amour de sa famille sans vouloir plus.

Ce passage de relais entre générations est essentiel, mais il ne doit pas cacher une forme de responsabilité. Parce que les parents se félicitent trop souvent avec soulagement de ce que leurs enfants relèvent des défis qu'ils ont ignorés pendant des décennies. Mais on ne peut pas laisser à la prochaine génération le fardeau de résoudre les problèmes dont nous sommes en grande partie responsables. Inversement, parce que les jeunes pensent parfois que leurs anciens – dont je suis – ont saboté leur planète, ils sous-estiment l'énergie qu'ont déployée certains, quand il fallait encore tout inventer. Il reste à écrire une histoire ; il reste à transmettre un héritage riche de penseurs audacieux, de militants courageux et imaginatifs.

La Convention citoyenne sur le climat, qui a délivré ses propositions en juin 2020, contribuera peut-être à cette transmission (un grand bravo à Mathilde Imer et Cyril Dion). Ses cent cinquante membres ont vécu une expérience unique qui les a transformés. Ils ont partagé le sentiment d'être utiles et de contribuer à rendre meilleure la société dans laquelle nous vivons. Cela leur a fait, visiblement, beaucoup de bien. Goûter à ce sentiment devrait être partagé par toutes et tous – et plus encore les politiques, bien sûr.

Mais je ne suis qu'un témoin de tout cela, et un passeur. J'espère que mon travail contribuera à leur expliquer notre démarche, à leur éviter de refaire les erreurs que nous avons commises, pour leur permettre d'aller plus vite et plus loin que nous n'avons pu le faire.

J'ai soixante-quinze ans et je n'ai jamais eu autant de projets devant moi. Et ça me plaît. Je ne vieillis pas, je grandis.

J'ai entamé, en lisière de la forêt de Rambouillet, un projet un peu fou : nous avons racheté en famille trente hectares afin de les réensauvager et créer une réserve de biodiversité intégrale. Il s'agit d'étudier comment une terre redevient sauvage et de lui rendre sa liberté sans plus aucune intervention humaine sur la nature. La réserve sera ouverte au public, où j'espère, en quelques années, les grands animaux, non chassés, pourront être observés sans nous considérer comme un danger – la nostalgie du Kenya sans doute…

Depuis janvier 2021, nous travaillons sur un film sur la biodiversité en France avec la participation de tous les cinéastes professionnels et amateurs qui filment la faune sauvage. Je suis sidéré par la qualité des images que nous recevons ; j'avais l'impression de connaître ce monde du vivant autour de moi, je m'aperçois que j'ai tout à apprendre sur l'intelligence de la vie.

Après *Human* et *Woman*, nous commençons le troisième volet de la trilogie d'interviews « sur la bâche » avec un film sur les réfugiés, *Migrants*. La grande migration des pays n'a pas encore commencé.

Et un autre film qui me tient aussi particulièrement à cœur parce qu'il va à la rencontre des gens de mon pays : *France, une histoire d'amour*.

Enfin, nous achevons, avec mon beau-fils Baptiste, un film sur les cent cinquante ans de la convention citoyenne pour le climat, qui avait été interrompu par la Covid. Les productions mises à l'arrêt reprennent toutes à la fois !

L'abondance de mes projets est sans doute à la mesure de mon angoisse.

À l'heure de finir ce livre, les pensées se mélangent dans ma tête.

C'est le dernier rapport extrêmement angoissant du GIEC.

C'est la manifestation anti-vaccins qui rassemble quatre fois plus de monde que la marche pour le climat.

Ce sont les inondations avec leurs morts en Allemagne ; le dôme de chaleur incroyable au Canada, aux États-Unis et au Maroc.

Ce sont les incendies qui, comme chaque été désormais, se développent partout dans le monde.

Ce sont les indécents voyages de quelques minutes dans l'espace de deux milliardaires qui fascinent les médias.

C'est un arrêt sur une aire d'autoroute. Un énorme camion avec une remorque rempli de centaines de cochons entassés pour l'abattoir. Je m'approche. Ils viennent tous me regarder fixement. Les larmes montent.

Ce sont encore et encore des images d'inondations en Chine.

Ce sont Yves et Samuel, mes amis africains, que je retrouve à la maison et qui m'ont préparé un dîner ce soir.

C'est la maladie de Parkinson de ma femme, Anne. Je ne m'occupe pas assez d'elle et pourtant elle a tellement fait pour moi.

C'est, sur mon téléphone, la photo de mes six petits-enfants qui me sourient.

C'est ce sentiment de l'amour donné et surtout reçu qui a fait ce que je suis. En vieillissant, j'essaie de le mettre au centre de ma vie et il m'empêche de me résigner.

C'est pour cela que j'ai envie de dire, à toi qui lis cette dernière ligne, que je t'aime.

Bibliographie

Quand je travaillais sur le projet photographique *La Terre vue du ciel*, j'étais à l'affût d'informations sur l'écologie mais il ne sortait pas plus de trois livres par an sur le sujet et Internet n'existait pratiquement pas ! Il y avait les livres de Jean-Marie Pelt, l'état de la planète du World Watch Institute, que je dévorais. Aujourd'hui, je reçois entre trois et cinq nouvelles publications par semaine ! C'est pour cette raison que, depuis une vingtaine d'années, je ne lis pratiquement que des livres sur la nature, l'écologie et la raison d'être, et c'est passionnant. Ces livres m'ont transformé.

J'ai eu envie de partager avec vous quelques-uns de ces livres.

Joseph Andras, *Ainsi nous leur faisons la guerre*, Éditions Actes Sud, 2021

Thomas d'Ansembourg, David Van Reybrouck, *La paix ça s'apprend ! Guérir de la violence et du terrorisme*, Éditions Actes Sud, 2016

Matthieu Auzanneau, *Or noir. La grande histoire du pétrole*, Éditions La Découverte, 2015

Abhijit V. Banerjee, Esther Duflo, *Repenser la pauvreté*, Éditions Points, 2011

Cécile Barnéoud-Guizou, *Permacomix (vivre en permaculture, mode d'emploi)*, Éditions Rue de l'Échiquier, 2020

Aurélien Barrau, *Le Plus Grand Défi de l'histoire de l'humanité*, Éditions Michel Lafon, 2020

Philippe Bihouix, *L'Âge des low tech. Vers une civilisation techniquement soutenable*, Éditions du Seuil, 2014

– *Le bonheur était pour demain*, Éditions du Seuil, 2019

Olivier Blond, *Respirez ! Solutions pour lutter contre la pollution de l'air*, Éditions Eyrolles, 2019

Marcel B. Bouché, *Des vers de terre et des hommes. Découvrir nos écosystèmes fonctionnant à l'énergie solaire*, Éditions Actes Sud, 2014

Allain Bougrain-Dubourg, *Il faut continuer de marcher*, Éditions de La Martinière, 2015

– *Passion nature : les héros de la biodiversité*, Éditions Ouest France, 2011

Dominique Bourg, Kerry Whiteside, *Vers une démocratie écologique. Le citoyen, le savant et le politique*, Éditions du Seuil, 2010

Lydia Bourguignon, Claude Bourguignon, *Manifeste pour une culture durable*, Éditions Actes Sud, 2017

Rutger Bregman, *Utopies réalistes : en finir avec la pauvreté*, Éditions du Seuil, 2017

Lester R. Brown, *Le Plan B : pour un pacte écologique mondial*, Éditions Calmann-Lévy, 2007

Ernest Callenbach, *Ecotopia*, Éditions Rue de l'Échiquier, 2018

Aymeric Caron, *La Revanche de la nature*, Éditions Albin Michel, 2020

Rachel Carson, *La Mer autour de nous*, Éditions Wildproject, 2019

– *Printemps silencieux*, Éditions Wildproject, 2019

Catherine, Claire, Joseph, Valérie, Yolande, *Les Mots de la Terre. « Paroles d'agriculteurs en pays de Pontivry »*, Liv'Éditions, 2013

Clément Chabot et Pierre-Alain Lévêque, *Low-tech, repenser nos technologies pour un monde durable, conseils et témoignages*, Rustica Éditions, 2021

Gilbert Cochet, Beatrice Kermer-Cochet, *L'Europe réensauvagée. Vers un nouveau monde*, Éditions Actes Sud, 2020

Collectif, *Penser le vivant*, Éditions Les Liens qui Libèrent, 2021

Michel Collon, *Planète malade ; 7 leçons de la Covid ou l'urgence de repenser le système*, Éditions Investig'Actions, 2020

Franck Courchamp, Mathieu Ughetti, *La Guerre des fourmis*, Éditions des Équateurs, 2019

Sylvain Darnil, Mathieu Le Roux, *80 hommes pour changer le monde. Entreprendre pour la planète*, Éditions Le Livre de Poche, 2006

Jean-Luc Daub, *Ces bêtes qu'on abat. Journal d'un enquêteur dans les abattoirs français (1993-2008)*, Éditions L'Harmattan, 2009

Justine Davasse, *Guide des nouveaux Zéro. Pour un futur (enfin) désirable*, Tana Éditions, 2020

Gilles Daveau, *Manger moins (et mieux) de viande*, Éditions Actes Sud / Kaizen, 2017

Isabelle Delannoy, *L'Économie symbiotique. Régénérer la planète, l'économie, la société*, Éditions Actes Sud, 2017

Hugues Demeude, Thierry Gadault, *Massacre à la tronçonneuse. Climat, parasites, crise budgétaire... Nos forêts en état d'urgence*, Éditions Le Cherche Midi, 2020
– *Les Incroyables Pouvoirs de la nature*, Éditions Arthaud, 2020
Frédéric Denhez, *Cessons de ruiner notre sol !*, Éditions Flammarion, 2014
Jared Diamond, *Bouleversement (les nations face aux crises et aux changements)*, Éditions Gallimard, 2020
– *Effondrement*, Éditions Gallimard, 2006
– *Le Monde jusqu'à hier*, Éditions Gallimard, 2013
Cyril Dion, *Demain. Un nouveau monde en marche*, Éditions Actes Sud, 2015
– *Petit manuel de résistance contemporaine*, Éditions Actes Sud, 2018
Paul R. Ehrlich, Anne H. Ehrlich, *La Bombe P*, Éditions J'ai Lu, 1973
Pascale D'Erm, *Natura. Pourquoi la Nature nous soigne... et nous rend plus heureux*, Éditions Les Liens qui Libèrent, 2019
Jean-Louis Étienne, *Aux arbres citoyens ! Pour renouer avec l'écosystème terre*, Éditions Paulsen, 2019
Eyes on animals, *La Face cachée de nos assiettes*, Éditions Robert Laffont, 2019
Fondation GoodPlanet, *615 histoires de l'engagement*, Éditions EFJ, 2017
– *Cap 2030, une décennie pour tout changer*, Éditions Michel Lafon, 2021
– *Comment sortir de la société de consommation. L'état de la planète par le Worldwatch Institute*, Éditions de La Martinière, 2011
Fondation GoodPlanet, Olivier Blond, *Gaz de schiste : le vrai du faux*, Éditions Delachaux et Niestlé, 2014

Jonathan Safran Foer, *L'avenir de la planète commence dans notre assiette*, Éditions de l'Olivier, 2019
– *Faut-il manger les animaux ?*, Éditions de l'Olivier, 2011
Maud Fontenoy, *Bleu : un océan de solutions*, Éditions Belin, 2020
Stéphane Foucart, *Et le monde devint silencieux. Comment l'agrochimie a détruit les insectes*, Éditions du Seuil, 2019
– *La Fabrique du mensonge. Comment les industriels manipulent la science et nous mettent en danger*, Gallimard, 2014
Gérard Freyssence, *Nos formidables abeilles*, Éditions Empreinte, 2017
Jean-Marc Gancille, *Carnage. Pour en finir avec l'anthropocentrisme*, Éditions Rue de l'Échiquier, 2020
– *Ne plus se mentir*, Éditions Rue de l'Échiquier, 2019
Bill Gates, *Climat : comment éviter un désastre. Les solutions actuelles. Les innovations nécessaires*, Éditions Flammarion, 2021
Christian Gerondeau, *Écologie, la fin des illusions*, Éditions du Toucan, 2012
Pierre Gleizes, *Rainbow Warrior mon amour : trente ans de photos aux côtés de Greenpeace*, Éditions Glénat, 2011
Al Gore, *Une vérité qui dérange*, Éditions de La Martinière, 2007
Alain Grandjean, *Agir sans attendre*, Éditions Les Liens qui Libèrent, 2019
Les Greniers d'Abondance, *Vers la résilience alimentaire. Faire face aux menaces globales à l'échelle des territoires*, Éditions Yves Michel, 2020
Aline Gubri, *Le Guide de l'alimentation durable*, Éditions Thierry Souccar, 2020

Yuval Noah Harari, *Sapiens : une brève histoire de l'humanité*, Éditions Albin Michel, 2015

Paul Hawken, *Drawdown. Comment inverser le cours du réchauffement climatique*, Editions Actes Sud, 2018

Perrine et Charles Hervé-Gruyer, *Vivre avec la terre*, Éditions Actes Sud, 2019

Jean-Marc Jancovici, *Dormez tranquilles jusqu'en 2100 : Et autres malentendus sur le climat et l'énergie*, Éditions Odile Jacob, 2015

Emmanuelle Jappert, Julian Jappert, *Quelques minutes par jour pour changer le monde. Écologie, lutte contre la pauvreté, égalité des sexes… L'effet papillon à la portée de tous*, Éditions Eyrolles, 2020

Alexis Jenni, *J'aurais pu devenir millionnaire, j'ai choisi d'être vagabond : une vie de John Muir*, Éditions Paulsen, 2020

Axel Kahn, *Et le bien dans tout ça ?*, Éditions Stock, 2021

Hervé Kempf, *Notre-Dame-des-Landes*, Éditions du Seuil, 2014

L214, *Quand la faim ne justifie plus les moyens*, Éditions Les Liens qui Libèrent, 2019

Juliette Labaronne, *Slow Train. 30 échappées ferroviaires pour citadins en mal de nature*, Éditions Arthaud, 2019

Élisabeth Laville, *Vers une consommation heureuse*, Allary Éditions, 2014

Hervé Le Bras, *Seront-nous submergés ?*, Éditions L'Aube, 2020

Frédéric Lenoir, Nicolas Hulot, *D'un monde à l'autre*, Éditions Fayard, 2020

Matthieu Le Quang, *Laissons le pétrole sous terre !*, Éditions Omniscience, 2012

Inès Léraud, Pierre Van Hove, *Algues vertes. L'histoire interdite*, Éditions Delcourt, 2019

Lydie Lescarmontier, *La Voix des pôles*, Éditions Flammarion, 2021
Jade Lindgaard, *Je crise climatique. La planète, ma chaudière et moi*, Éditions La Découverte, 2015
Anne De Loisy, *Bon appétit !*, Éditions Presse de la Cité, 2015
Helen MacDonald, *Vols au crépuscule*, Éditions Gallimard, 2021
George Marshall, *Le Syndrome de l'autruche : pourquoi notre cerveau veut ignorer le changement climatique*, Éditions Actes Sud, 2017
Richard Mackay, *Atlas des espèces en danger*, Éditions Autrement, 2002
Rémy Marion, Robert Gessain, *Ovibos. Le survivant de l'Arctique*, Éditions Actes Sud, 2020
Serge Marti, *Une planète à sauver. Six défis pour 2050*, Éditions Odile Jacob, 2020
Donella Meadows, Dennis Meadows, Jørgen Randers, *Les Limites à la croissance (dans un monde fini)*, Éditions Rue de l'Échiquier, 2017
– Rapport du Club de Rome, *The Limits to Growth*, Éditions Universe Books, 1972
Gérard Mermet, *Réinventons l'avenir ! Pour un Grand Pacte de Solidarité post-covid*, Éditions L'Archipel, 2021
Catherine et Jean Meurisse, *L'Esprit de la ruche, la vie secrète des abeilles*, Éditions Ouest France, 2021
Kathleen Meyer, *Comment chier dans les bois : pour une approche environnementale d'un art perdu*, Éditions Édimontagne, 2018
Dorothée Moisan, *Les Plastiqueurs. Enquête sur ces industriels qui nous empoisonnent*, Éditions Kero, 2021
Le Bilan du monde, Hors-série annuel *Le Monde*

Serge Morand, *L'Homme, la Faune sauvage et la Peste*, Éditions Fayard, 2020
Edgar Morin, *Leçons d'un siècle de vie*, Éditions Denoël, 2021
Baptiste Morizot, *Manières d'être vivant*, Éditions Actes Sud, 2020
– *Raviver les braises du vivant*, Éditions Actes Sud, 2020
Desmond Morris, *Le Singe nu*, Éditions Le Livre de Poche, 1971
Julia Mourri, Clément Boxebeld, *Oldyssey. Un tour du monde de la vieillesse*, Éditions du Seuil, 2019
John Muir, *Célébration de la nature*, Éditions Corti, 2018
Dan O'Brien, *Wild Idea : des bisons à la terre et de la terre aux bisons*, Éditions Au Diable Vauvert, 2015
Fabrice Nicolino, *La Faim, la Bagnole, le Blé et Nous. Une dénonciation des biocarburants*, Éditions Fayard, 2007
– *Le crime est presque parfait. L'enquête choc sur les pesticides et les SDHI*, Éditions Les Liens qui Libèrent, 2019
Sven Niel, *Sauvons les abeilles ! Les 10 actions pour (ré)agir*, Éditions Rustica, 2019
Laure Noualhat, *Comment rester écolo sans finir dépressif*, Tana Édition, 2020
Serge Orru, *Pierre Rabhi, le fertile*, Éditions Textuel, 2011
Fred Pearce, *L'apocalypse démographique n'aura pas lieu*, Éditions de La Martinière, 2011
Jean-Marie Pelt, Pierre Rabhi, *Le monde a-t-il un sens ?*, Éditions Fayard, 2014
Christian de Pertuis, *Le Tic-tac de l'horloge climatique. Une course contre la montre pour le climat*, Éditions Deboeck, 2019
Guillaume Pitron, *La Guerre des métaux rares. La face cachée de la transition énergétique et numérique*, Éditions Les Liens qui Libèrent, 2018

Nelly Pons, *Océan plastique : enquête sur une pollution globale*, Éditions Actes Sud, 2020
Sébastien Porte, *Le Dernier Avion*, Tana Éditions, 2020
Pierre Rabhi, *Vers la sobriété heureuse*, Éditions Actes Sud, 2013
Olivier Remaud, *Penser comme un iceberg*, Éditions Actes Sud, 2020
Cécile Renouard, Rémi Beau, Christophe Goupil, Christian Koenig, *Manuel de la grande transition. Former pour transformer*, Éditions Les Liens qui Libèrent, 2020
Nathaniel Rich, *Perdre la Terre*, Éditions du Seuil, 2019
Pierre Rigaux, *Pas de fusils dans la nature : les réponses aux chasseurs*, Éditions Humensciences, 2019
Rémy Rioux, *Réconciliations*, Éditions Débats Publics, 2019
Florence Robert, *Bergère des collines*, Éditions Corti, 2020
Élisabeth Schneiter, *Les Héros de l'environnement*, Éditions du Seuil, 2018
Marc-André Selosse, Francis Hallé, *Jamais seul : ces microbes qui construisent les plantes, les animaux et les civilisations*, Éditions Actes Sud, 2017
Pablo Servigne, Gauthier Chapelle, *L'Entraide. L'autre loi de la jungle*, Éditions Les Liens qui Libèrent, 2017
Pablo Servigne, Raphaël Stevens, *Aux origines de la catastrophe. Pourquoi en sommes-nous arrivés là ?*, Éditions Les Liens qui Libèrent, 2020
Pablo Servigne, Raphaël Stevens, Gauthier Chapelle, *Une autre fin du monde est possible. Vivre l'effondrement (et pas seulement y survivre)*, Éditions du Seuil, 2018
Vandana Shiva, *1 %. Reprendre le pouvoir face à la toute-puissance des riches*, Éditions Rue de l'Échiquier, 2019

Daniel Tanuro, *L'Impossible Capitalisme vert*, Éditions La Découverte, 2012

– *Trop tard pour être pessimistes. Écosocialisme ou effondrement*, Éditions Textuel, 2020

Sylvain Tesson, *La Panthère des neiges*, Gallimard, 2019

Henry David Thoreau, *Walden ou la vie dans les bois*, Éditions Ticknor and Fields, 1854

Hélène Tordjman, *La Croissance verte contre la nature. Critique de l'écologie marchande*, Éditions La Découverte, 2021

Jane Van Lawick-Goodall, *Les Chimpanzés et moi*, Éditions Grands fronds Stock, 1981

Fred Vargas, *L'Humanité en péril. Virons de bord, toute !*, Éditions J'ai lu, 2020

Julien Vidal, *Ça commence par moi. Soyons le changement que nous voulons voir dans le monde*, Éditions du Seuil, 2018

Frans de Waal, *Le Bonobo, Dieu et Nous. À la recherche de l'humanisme chez les primates*, Éditions Les Liens qui Libèrent, 2013

David Wallace-Wells, *La Terre inhabitable*, Éditions Robert Laffont, 2019

Patrick De Wever, *Temps de la terre, temps de l'homme*, Éditions Albin Michel, 2012

Andrea Wulf, *L'Invention de la nature*, Éditions Noir Sur Blanc, 2017

Joëlle Zask, *Quand la forêt brûle*, Éditions Première Parallèle, 2019

Remerciements

Je remercie toutes les personnes que je n'ai pas citées dans ce livre mais qui sont tout aussi importantes que les autres.

Irshad, mon ami, mon frère, je ne t'ai pas oublié, je pense à toi tout le temps mais je t'ai mis à la fin pour être sûr que tu me lises jusqu'au bout.

RÉALISATION NORD COMPO À VILLENEUVE-D'ASCQ
NORMANDIE ROTO IMPRESSION S.A.S À LONRAI
DÉPÔT LÉGAL : NOVEMBRE 2021. N° 143496 (2103316)
IMPRIMÉ EN FRANCE